Alex van Hell

mit Christian Lütjens

LEBEN

Mein härtester Kampf

Besuchen Sie uns im Internet:
www.knaur.de

FSC
www.fsc.org
MIX
Papier aus ver-
antwortungsvollen
Quellen
FSC® C083411

Originalausgabe Februar 2016
Knaur Taschenbuch
© 2016 Knaur Verlag
Ein Imprint der Verlagsgruppe
Droemer Knaur GmbH & Co. KG, München
Alle Rechte vorbehalten. Das Werk darf – auch teilweise – nur mit
Genehmigung des Verlags wiedergegeben werden.
Redaktion: Sabrina Hausmann
Covergestaltung: ZERO Werbeagentur, München
Coverabbildung: Boris Lehfeld
Satz: Adobe InDesign im Verlag
Druck und Bindung: CPI books GmbH, Leck
ISBN 978-3-426-78786-1

2 4 5 3 1

Für meine drei Fixsterne:
Mama, Mona, Odin

Inhalt

18. Dezember 2009 – Raus hier! 9

Skeletor, George Michael und die Prinzessin 13

21. Dezember 2009 – Gefangen unter Feinden 19

Die schreiende Puppe 21

28. Dezember – Zwischen den Stationen 27

Die Feuerwalze 29

31. Dezember 2009 – Gute Vorsätze 34

Die Verbannung 37

7. Januar 2010 – Nebel, Schnee und Spießrutenläufe 41

Vom Regen in die Traufe 43

4. Februar 2010 – Zwischen Leben und Tod 47

Ehrenrunde 50

5. Februar 2010 – Augen zu! 54

Projekt Pappe 55

6. Februar 2010 – Der ohrenbetäubende Moment 59

Satans Gehilfin schlägt wieder zu 60

7. Februar 2010 – Ein Strauß Chrysanthemen 65

Der Niedergang des Jahrtausends 67

10. Februar 2010 – Ein kurzer Besuch 73

Mechanismen der Gewalt 76

11. Februar 2010 – Träume von Haien 82

Bonnie und Clyde von Lichtenrade 84

12. Februar 2010 – Klingonin im Spiegel 89

Ein unwiderstehliches Angebot 91

15. Februar 2010 – Valentinstag 95

Grundkurs in Sachen Stangentanz 99

18. Februar 2010 – Abwarten und Tee trinken 103

Königin 105

23. Februar 2010 – Allein 109

Polizeieinsatz 111

2. März 2010 – Zeit des Vergessens 113

Freaks unter sich 116

6. März 2010 – Katerstimmung 124

Der abgebrochene Fingernagel 126

24. März 2010 – Schwip Schwap..................... 132

Nothing Else Matters 135

1. April 2010 – The Show Must Go On 140

La Dolce Vita 144

1. Dezember 2010 – Zweiter Anlauf 151

Hilfeschreie und Warnrufe 156

5. Februar 2011 – Drei Sterne 163

Let's Talk About Sex 166

6. März 2012 – Und tschüss! 175

Die Frau, die meine Schwester war 182

10. August 2012 – Ein Mann, kein Kind 186

Neun Monate Abschied 190

16. September 2012 – Schaum vorm Mund 202

Bauchmama 206

17. November 2012 – Jetzt erst recht! 221

Alex und die bunten Bilder 216

10. August 2013 – Stralauer 17 D 224

Van Hell to Heaven 230

18. Dezember 2009 –
Raus hier!

Zehn Augenpaare glotzen mich an, als wäre ich die Attraktion in einem Kuriositätenkabinett. Ich ertrage das nicht. Höchstens eine Stunde ist es her, dass mir ein Arzt der Berliner Charité eröffnet hat, dass ich einen Tumor im Gehirn habe. Einen gutartigen Tumor zwar, aber er beschädigt das Sprachzentrum, lässt die Gesichtsmuskulatur erlahmen und löst Epilepsie aus. All diese Effekte haben in den letzten Wochen ihre schmerzhaften Schatten vorausgeschickt. Die Diagnose war der schockierende Höhepunkt einer Leidensstrecke, die mich ohne Ende Kraft gekostet hat. Zu viel Kraft, um all die Blicke auf meine Person auszuhalten. In den Gesichtern sehe ich alles Mögliche: Gleichgültigkeit, Neugier, Häme, Mitleid – nur nichts, was mir weiterhilft. Ich will endlich Frieden. Ich will, dass die Schmerzen aufhören. Ich will raus aus diesem Scheißkrankenhausbett auf der Intensivstation. Was ich definitiv nicht will, sind neun kuhäugige Medizinstudenten, die sich vom Doc großspurig den Fall Alex van Hell erklären lassen, den er selbst viel zu lange falsch eingeschätzt hat.

Über Wochen trug ich dieses komische Gefühl mit mir herum, als ob eine Zeitbombe in meinem Kopf tickte. Da war so ein Druck, manchmal wurde mir ohne Grund schwindelig. Dann kamen die Kopfschmerzen. Ich hab Aspirin eingeschmissen ohne Ende, aber sie wirkten nicht. Dann bin ich von einem Arzt zum nächsten gerannt, aber alle meinten, ich hätte Migräne. Die meisten haben mich nicht mal untersucht. Die haben in mir nur die zutätowierte Proll-Suse gesehen, die sich in einen Hang-over reinsteigert. So was bin ich gewohnt. Wenn man so aussieht wie ich, stecken dich die Leute schnell in die Assi-Schublade. Normalerweise lache ich darüber, aber in diesem Fall machte es mir Angst. Ich spürte, dass etwas mit mir nicht stimmte. Der Druck, der Schwindel, die Schmerzen, all das bildete ich mir ja nicht ein. Irgendwas war in meinem Kopf. Irgendwas Gefährliches. Bei der zehnten Migräne-Diagnose bin ich ausgerastet und hab darauf bestanden, dass ich in die Röhre komme. Ich hab den Doc so lange zur Sau gemacht, bis er nachgegeben hat. Er hat mich sogar gleich im Krankenhaus behalten. Dort hatte ich noch am selben Abend den ersten Anfall. Meine kleine Schwester war zu Besuch. Wir unterhielten uns ganz normal, als der Druck in meinem Kopf plötzlich unerträglich wurde. Ich weiß noch, dass ich unweigerlich die Augen zur Decke gedreht und zu meiner Schwester gesagt habe: »Du, ich glaub, du gehst lieber raus und holst einen Arzt. Hier passiert gleich was, das willst du nicht sehen.«

Wenige Augenblicke später bäumte sich mein Körper auf, als wäre er von fremden Mächten gesteuert. Ohne dass ich etwas dagegen tun konnte, bog sich mein Rücken durch, ich ging in die Brücke, meine Finger bohrten sich in die Matratze, der Sabber lief mir aus dem Mund, ich schrie. Komischerweise war ich bei alledem total klar. Ich kann mich an jede Verrenkung erinnern, an jeden Krampf, an jeden Schrei. Auch den entsetzten Blick des Pflegers, als er den Raum betrat, werde ich nie vergessen. Und wie er in unübersehbarer Hektik eine Spritze aufzog, die er mir in die Vene rammte. Dann wurde mir schwarz vor Augen. Endlich Ruhe. Für ein paar Stunden? Für den Rest der Nacht? Ich weiß es nicht mehr. Von da an ist im Gegensatz zu der schneidenden Klarheit der ersten Krampfattacke alles verschwommen.

Als sie mich am nächsten Tag für die Computertomographie in die Röhre schoben, hatte ich den nächsten Krampfanfall. Das war gestern. Heute dann die Diagnose: »Wir haben ein eingeblutetes Kavernom in Ihrem Gehirn entdeckt. Das bedeutet, Sie haben eine Missbildung in der rechten Gehirnhälfte, die zusätzlich durch ein Blutgerinnsel verstopft ist. Dadurch werden die epileptischen Anfälle und der Schwindel ausgelöst, wir werden das operieren müssen und …«

Irgendwann hab ich nicht mehr zugehört. Ich hab nur noch geheult – aus Angst, aus Verzweiflung, vielleicht auch aus Erleichterung. Nach Wochen, in denen ich als hysterische Migränepatientin abgestempelt worden war, gab es jetzt wenigstens eine Erklärung für meine Beschwerden, auch wenn sie beängstigend klang.

Meinem Gefühl von Anstand zufolge müsste sich der Doc für seine herablassende Art vor der Diagnose entschuldigen. Er hält das offenbar nicht für nötig. Stattdessen hat er mir die neunköpfige Studentenbande ins Zimmer gezerrt und referiert vor ihr über meinen »Fall«, als ob ich gar nicht da wäre. Aber ich bin da. Und ich spüre, wie ihre Blicke mich durchbohren, meine Tattoos mustern und schamlos meinen Körper auf und ab wandern. Wie sie meine Haut streifen, aber meine Augen meiden. Wie sie urteilen. Ich bin nicht blöd. Ich weiß, dass sich jeder dieser neun Studenten in diesem Augenblick aufgrund meines Äußeren Geschichten über mich zurechtlegt, die mit dem Fachchinesisch, das der Doc von sich gibt, nichts zu tun haben. Wahrscheinlich haben sie eher mit Exzessen und Drogen, mit Gewalt und Halbwelt zu tun. Ich habe kein Problem damit, zuzugeben, dass all diese Faktoren in meinem Leben eine Rolle spielen, aber ich habe es satt, auf sie reduziert zu werden. Ich spüre Ärger in mir aufsteigen, der sich rasend schnell zu Wut steigert. Als mich der Blick eines besonders hochnäsig guckenden Studenten trifft, brennt bei mir die Sicherung durch.

»Raus!«, brülle ich und merke im nächsten Moment, dass mir schon wieder Tränen die Wangen herunterlaufen. »Alle raus hier, oder ich vergesse mich.«

Das Brüllen verfehlt seine Wirkung nicht. Der Doc und die Studenten verlassen fluchtartig den Raum. Ich bleibe allein zurück. Mit meinen Tränen, mit meiner Wut, mit meinen Schmerzen. Und mit meiner Geschichte – die ich lieber selbst erzähle, als sie der Phantasie wildfremder Menschen zu überlassen.

Skeletor, George Michael und die Prinzessin

Mein Leben begann mit einer Flucht. Ich war noch nicht geboren, als meine Mutter vor dem Mann, den ich heute nur noch als meinen »Erzeuger« bezeichne, von Berlin nach Bayern floh. Der Typ muss eine komplette Katastrophe gewesen sein: Säufer, verantwortungslos, spielsüchtig. Das Geld, das meine Mutter für Windeln und Kindernahrung zurückgelegt hatte, hat er einfach verzockt. Um meine vier Jahre ältere Schwester Nina hat er sich nie wirklich gekümmert. Am schlimmsten aber war, dass er meine Mutter verprügelt hat. So heftig, dass man von Misshandlung sprechen kann und sie mehrfach vor ihm abgehauen ist – ins Frauenhaus oder zu Verwandten. Die Zeit Anfang der achtziger Jahre muss ein einziges wirres Chaos gewesen sein. Meine Mutter ist mit meiner Schwester verduftet, mein Erzeuger hat sie wieder aufgespürt, mit Engelszungen geschworen, er würde sie lieben und sich bessern, sie wurde irgendwann weich, ging zu ihm zurück, und der Frieden dauerte zwei Wochen. Dann begann das Drama von vorne. Das Resultat einer dieser kurzlebigen Neuanfänge war die Schwangerschaft mit mir – durch die sich die Situation allerdings auch nicht besserte. Im Gegenteil. Selbst als meine Mutter schon einen dicken Bauch hatte, hat er im Suff die Beherrschung verloren und auf sie eingedroschen. Nach einer dieser Attacken ist sie in einer Nacht-und-Nebel-Aktion zu einer Schwester meiner Oma geflohen. Nach Süddeutschland. Dort kam ich wenige Monate später zur Welt. Im September 1982, in Nymphenburg. Die ersten Jahre meines Lebens habe ich in München verbracht. Meine Mutter hielt sich mit Kellnern und Aushilfsjobs über Wasser, während meine Großtante und eine Cousine abwechselnd auf meine Schwester und mich aufpassten. Ich kann mich an diese Zeit nicht mehr gut erinnern. Es gibt ein paar Fotos, auf denen ich mit Dirndl oder Lederhose durch die Gegend schieße, aber spezielle Erlebnisse aus dieser Zeit sind nicht hängengeblieben. Sie dauerte auch nur fünf Jahre. Danach hatte meine Mutter Heimweh, und wir zogen zurück nach Berlin. In eine große Dreizimmerwohnung in der Schierker Straße in Neukölln, mit der ich die meisten Kindheitserlebnisse verbinde.

Eins dieser Erlebnisse ist die einzige persönliche Begegnung mit meinem Erzeuger. Da er in Gesprächen immer wieder Thema war, wenn auch meist in negativer Form, bin ich neugierig geworden, was das für ein Mensch ist: mein Vater. Ob ich ihm ähnlich sah? Was meine Mutter, die sich immerhin auf eine Ehe mit ihm eingelassen hatte, mal an ihm gefunden hatte? Ob er vielleicht gar nicht so schlecht war, wie alle behaupteten?

Meine Mutter war gegen das Treffen, aber nachdem ich ihr lange genug in den Ohren gelegen hatte, gab sie nach. Sie konnte und wollte mir ein Treffen mit meinem leiblichen Vater nicht verwehren, also vereinbarte sie einen Termin. Ein paar Tage später stand er vor der Tür. Ziemlich versifft, schon leicht alkoholisiert. Ich habe damals viel mit He-Man-Figuren gespielt, und ich weiß noch, dass mich sein Anblick spontan an Skeletor erinnerte, den Bösewicht der *Masters of the Universe*. Er war dünn, drahtig, hatte strohiges blondes Haar und keine schönen Zähne im Mund. Ein hässlicher

Vogel. Aber immer noch dachte ich, dass der erste Eindruck vielleicht täuscht. War leider nicht so.

Der Nachmittag war ein totaler Reinfall. Erst sind wir ins Kino gegangen und haben irgendeinen bescheuerten Asterix-Cartoon geguckt. Asterix und Obelix fand er toll. Er hatte sich die Figuren sogar auf den Arm tätowiert. Nach dem Kino ging es in seine Stammkneipe. Offiziell zum Billardspielen, inoffiziell zum Saufen. Immer öfter ließ er mich alleine am Billardtisch stehen und stolzierte breitbeinig zum Tresen, um sich die nächste Runde zu genehmigen. Darum mündeten unsere einsilbigen Gespräche in immer lallenderes Blabla. Auf die Frage, warum er meine Mutter geschlagen hat, kam die übliche Leier, er würde sie eigentlich über alles lieben und könnte sich bis heute nicht verzeihen, was er damals getan hatte. Auf die Frage, warum er uns keinen Unterhalt zahlte, kam, es würde im Leben nicht nur ums Geld gehen. Auf die Frage, warum er so viel trinken würde, kam, dass das heute eine Ausnahme sei. Er selbst hat dagegen kaum Fragen gestellt, schien sich gar nicht für mich zu interessieren. Irgendwann wurde es mir zu blöd, und ich hab gesagt, er soll mich nach Hause bringen. Das hat er getan. Als die Tür nach der Verabschiedung hinter mir ins Schloss fiel, hab ich mir geschworen, dass dies das erste und letzte Treffen mit ihm war. Fortan sprach ich nicht mehr von meinem Vater, sondern nur noch von meinem »Erzeuger«. Ich hab meine Mutter auch gefragt, ob sie betrunken war, als sie ihn geheiratet hat. Da hat sie gelacht, weil sie kaum Alkohol trinkt. Aber richtig erklären konnte sie es auch nicht. Vielleicht hatte sie ein latentes Helfersyndrom und dachte, sie kann ihn aus dem Teufelskreis seiner Säuferfamilie – schon seine Mutter hatte sich totgesoffen – herausführen. Vielleicht hatte sie bei Kerlen aber auch einfach nur ein extrem schlechtes Händchen. Denn auch der Mann, der als Nachfolger meines Erzeugers in unsere Familiengeschichte eingehen sollte, entpuppte sich als fataler Fehlgriff. Und das, obwohl die Zeit mit ihm äußerst vielversprechend begann.

Eines Tages war er auf einmal da: Bodo. Es wurde mal wieder irgendwas gefeiert. Meine Großeltern wohnten im gleichen Haus, der Bruder meiner Mutter mit seiner Frau nur zwei Blöcke entfernt, so dass in unserer Küche in der Schierker Straße ständig jemand zu Besuch war. Für meine Schwester und mich war das super, denn so waren wir selten allein. Und es fiel weniger ins Gewicht, dass meine Mutter sehr viel arbeiten musste. Zeitweise erledigte sie drei Jobs gleichzeitig, um unseren Lebensstandard zu sichern. Zusätzlich stemmte sie eine Umschulung, um als Rechtsanwaltsgehilfin mehr verdienen zu können. Uns Kindern ging es dank ihres Fleißes immer gut. Wir hatten schönes Spielzeug, fuhren in den Ferien ins Zeltlager oder auf den Ponyhof, und meine Schwester hatte sogar ein eigenes Pflegepferd. Einen Vater hab ich eigentlich nicht vermisst. Trotzdem reagierte ich sofort auf diesen lustigen Typen, der jetzt mit meinem Onkel und meiner Mama am Küchentisch saß. Ich war sieben Jahre alt, und für mich sah Bodo aus wie George Michael. Er hatte dunkle Haare mit ein paar Strähnen, wie es damals in war. Er hatte schöne Zähne, er war schlank und sportlich. Ganz anders als Skeletor. Wie George Michael halt. Und den hatte ich schon zu den Zeiten von Wham! cool gefunden.

Vor allem aber war Bodo lustig. Unsere erste Kontaktaufnahme bestand darin, dass ich an der Küchentür stand, vorsichtig um die Ecke lugte, er mir eine Grimasse schnitt und ich mich totgelacht habe. Wir wiederholten das so lange, bis ich vor Lachen Bauchschmerzen bekam. Von diesem Tag an gehörte Bodo für mich zur Familie. Ich freute mich jedes Mal, wenn er kam. Dass auch meine Mutter total verschossen in ihn war, war sowieso nicht zu übersehen. Bald waren wir wie eine kleine, eingespielte Familie. Bodo hab ich als meinen wirklichen Papa angesehen. Er behandelte uns wie seine eigenen Kinder. Als meine Mutter nach ein paar Monaten verkündete, dass sie beide heiraten wollten, hab ich total gefeiert. Im Nachhinein hat sie mir erzählt, dass auch Bodo aus einer Alkoholiker-Familie stammte, dass er von Anfang an sehr viel Geld ausgegeben hat und ein ziemlicher Egoist und Lebemensch war. Er hat zur Hochzeitsfeier keinen Pfennig dazubezahlt. Die Kosten dafür hat meine Mutter komplett übernommen. Aber von solchen Dingen bekamen wir als Kinder nichts mit. Wir haben uns einfach gefreut auf das große Fest. Und das war es – ein großes Fest, das ich bis heute in bester Erinnerung habe.

Ich trug zur Feier des Tages ein blaues Prinzessinnenkleid. Meine Schwester auch. So hatte uns noch niemand gesehen. Wir, die beiden ungleichen Schwestern, im Partnerlook. Da gab es viele bewundernde Blicke. Den Vogel schoss allerdings meine Mutter ab. Sie hatte ein wunderschönes, weißes Brautkleid an, das zu allem Überfluss einen ellenlangen Schleier hatte. Als sie den ausgesucht hat, müssen die rosa Herzchen mit ihr durchgegangen sein. Das Ding war mindestens fünf Meter lang, und es mussten permanent zwei Leute aufpassen, dass es nicht über den Boden schleifte. Und wer waren diese zwei Leute? Natürlich meine Schwester und ich. Bei der Frage, ob wir Blumenstreukinder werden wollten, hatten wir begeistert »Hier« geschrien. Dass mit dieser Funktion auch die Aufgabe des Schleiertragens verbunden war, hatten wir nicht bedacht. Die Folge: Wir bekamen alle paar Meter einen Anschiss, weil die Schleppe zwischendurch über den Boden schleifte. Also änderten wir unsere Strategie. Als wir in die Kirche einschritten, haben wir extra viel Abstand gehalten. Was aber auch keine gute Idee war. Denn jetzt zogen wir den Stoff so straff, dass meiner Mutter kurz vorm Traualtar fast der Kamm aus den Haaren und die Haube vom Kopf geflogen wäre. Wir konnten es also nicht richtigmachen und wurden pausenlos angemeckert. Hinzu kam, dass es ein heißer Sommertag war und sich jede kleine Fliege in dem feinen Gewebe verfing. Ein Alptraum. Wenn ich je heiraten sollte, dann auf jeden Fall ohne so einen Megaschleier. Obwohl's natürlich schön aussah.

Und die Feier nach der Trauung war auch cool. Sie fand in einem Ausflugslokal an der Buckower Chaussee statt, das wir für Familienfeste damals öfter buchten. Es gab einen Riesenfestsaal mit Garten zum Spielen, und wir haben immer wieder Blumen gestreut. Meine Schwester ist als Michael Jackson aufgetreten, und wir durften bis spät in die Nacht aufbleiben. Abends hab ich die ganze Zeit auf den Füßen meiner Oma gestanden und getanzt. Oder ich hab mich bei einer Tante eingehakt, und sie musste mich so lange im Kreis rumschleudern, bis sie sich fast die Schultern ausgekugelt hätte. Es gibt noch Videos von dieser Feier. Wenn ich mir die heute ansehe, bin ich schockiert, wie groß unsere Familie mal war. Heute ist die eine Hälfte der Leute tot, die andere bis aufs Blut zerstritten. Von der damaligen Gemeinschaft ist so gut wie nichts mehr übrig. Das Gleiche gilt für das Glück, das ich an diesem Tag empfand und das wenig später sprichwörtlich mit einem Schlag auseinanderfetzte. Obwohl … Das stimmt nicht ganz. Es war nicht nur einer. Es waren viele Schläge. Viel zu viele.

21. Dezember 2009 –
Gefangen unter Feinden

Sie können die Operation des Gehirntumors nicht sofort machen. Sie ist zu kompliziert, um schnell durchgeführt zu werden. Sie wird auch nicht hier in der Charité, sondern im Virchow-Klinikum in Berlin-Wedding gemacht. Ich bin froh darüber. Ich fühle mich hier total unwohl. Seit drei Tagen liege ich zur Beobachtung auf der Intensivstation und komme mir vor wie eine Gefangene unter Feinden. Die einzige Vertraute, die zu mir darf, ist meine Mutter. Ich bin glücklich, wenn sie vorbeikommt, aber noch mehr sehne ich mich nach meinem Hund: Odin, ein weißer Minibullterrier, der erst vor drei Monaten als Welpe zu mir gekommen ist. Er ist sehr sensibel, und es macht mich wahnsinnig, dass ich ihn nicht sehen darf, aber auf der Intensivstation sind keine Tiere zugelassen. Ich weiß, dass sich meine Mutter und mein Freund um den Hund kümmern, trotzdem ist es ein beschissenes Gefühl, von ihm abgeschnitten zu sein. Ohne Odin fühle ich mich doppelt verlassen. Es sind nicht die Schmerzen oder die Langeweile, die mich am meisten quälen, es ist das Gefühl, wie eine Aussätzige behandelt zu werden.

Ich habe bei meiner Einlieferung den Fehler gemacht, dem Doc alles über meine Vergangenheit zu erzählen. Auch dass ich am Ende meiner Teenagerzeit eine heftige Drogenphase hatte. Ich dachte, das wäre hilfreich, um die richtige Diagnose zu stellen. Jetzt stellt sich Stück für Stück heraus, dass es lediglich zu Fehldiagnosen und Vorverurteilungen geführt

hat. In meinem Arztbericht steht, dass die epileptischen Anfälle vermutlich eine Folge von Drogenkonsum sind – eine
Mutmaßung, die der Doc im Patientengespräch bereits revi-
diert hat. Inzwischen ist klar, dass die Anfälle durch den Tumor ausgelöst werden. Im Bericht wurde das aber scheinbar
nicht korrigiert. Erst gestern wurde meine Mutter von einer
Schwester mit der Info versorgt, dass mein schlechter Zustand vermutlich auf Entzugserscheinungen zurückzufüh-
ren sei. Totaler Quatsch. Meine Druffi-Phase ist fast zehn
Jahre her. Inzwischen nehme ich kaum noch Drogen. Trotzdem werde ich hier behandelt wie ein Junkie. Ich hab dem
Doc gesagt, er soll den Arztbericht neu schreiben. Nicht zuletzt, weil ich keine Lust habe, aufgrund seiner Fehleinschät-
zungen Probleme mit der Krankenkasse zu bekommen. Er
hat versprochen, sich drum zu kümmern. Wenn ich es recht
bedenke, wirkte er zum ersten Mal aufrichtig, als er mir das
Versprechen gab. Trotzdem glaube ich erst an seine Verläss-
lichkeit, wenn ich den korrigierten Bericht vor mir liegen
habe. Blindes Vertrauen ist nie ratsam. Das musste ich in
meinem Leben früh lernen.

Die schreiende Puppe

Nach der Hochzeit fuhr die kleine, glückliche Familie, die wir nach dem Jawort von Bodo und meiner Mutter endgültig waren, zu viert in die Flitterwochen. Anschließend ging der Alltag mehr oder weniger so weiter, wie wir ihn schon aus der Zeit vor der Hochzeit kannten. Da Bodo schon vor einigen Monaten bei uns eingezogen war, änderte sich eigentlich nichts.

Das einzig Neue war, dass jetzt ab und an die neuen Großeltern, Bodos Eltern, zu Besuch kamen. Weil sie beide so winzig waren, nannten wir sie Klein-Oma und Klein-Opa. Ich mochte sie nicht besonders. Unter anderem deshalb, weil sie uns immer hässliche, selbstgestrickte Klamotten mitbrachten, bei denen meine Mutter darauf bestand, dass wir sie anzogen, weil Klein-Oma sich damit ja ach so viel Mühe gegeben hatte. So rannten wir in blau-weiß-rosa gemusterten Pullundern durch die Gegend und sahen aus wie zwei Stricklieseln aus der Mottenkiste. Schrecklich. Zumal ich solchen Anziehzwang überhaupt nicht kannte. Wir hatten normalerweise totale Narrenfreiheit in Sachen Klamottenwahl.

Die Freiheit ging so weit, dass ich heute manchmal Kinderbilder von mir sehe und meine Mutter frage, ob sie an Geschmacksverirrung gelitten hat oder uns zum Gespött der Straße machen wollte. Sie antwortet dann immer: »Wieso ich? Das Zeug hast du dir selbst ausgesucht.«

Wenn ich darüber nachdenke, stimmt das. Es war nicht meine Mutter, die mir das lila Kostüm, bestehend aus einem Rock und einem Pullover, auf dem die Dinos von »Aus einem Land vor unserer Zeit« aufgedruckt waren, aufge-schwatzt hat. Das war mein eigenes Lieblingsteil. Auch Entgleisungen wie die Kombination eines quergestreiften T-Shirts, einer gepunkteten Hose, einer längsgestreiften Strickjacke und diesen pinken Plastikbadesandalen, die damals alle Kinder hatten, waren nicht auf dem Mist meiner Mutter gewachsen. Das war damals meine Vorstellung von Fashion. Brutal hässlich. Ich wurde in der Schule auch manchmal für meine Klamotten gehänselt. War mir egal. Ich fand das schön, und das war die Hauptsache. Die gemuster-ten Strickpullunder von Klein-Oma dagegen fand ich nicht schön. Deshalb graute mir vor jedem neuen Besuch, der möglicherweise auch ein neues Kleidungsstück aus ihrer Handarbeitsstube mit sich bringen würde. Ich wünschte, solche Kleinigkeiten wären weiterhin die größte Sorge mei-ner Kindheit geblieben. Jedoch: Ohne dass ich es ahnte, lief unsere unbeschwerte Zeit allmählich ab.

Es begann damit, dass meine Mutter wieder schwanger wurde. Eigentlich wollte sie keine Kinder mehr haben, aber Bodo war ihr so lange mit seinem Wunsch nach einem ge-meinsamen Baby hinterhergerannt, dass sie sich wieder mal erweichen ließ. Als wir Kinder erfuhren, dass wir ein Ge-schwisterchen bekommen, war Nina 14 und ich knapp zehn. Unsere Begeisterung hielt sich in Grenzen. Nicht dass wir Angst um unseren Status oder Befürchtungen um zurückge-hende Zuwendung gehabt hätten. Wir hatten einfach nur Schiss, dass wir Windeln wechseln und auf das Baby aufpas-sen müssen. Darauf hatten wir keinen Bock, also hatten wir auch keinen Bock auf das Baby. Das haben wir natürlich nicht in dieser Deutlichkeit geäußert. Zumal meine Mutter sehr bald andere Probleme hatte als unser Bequemlichkeitsdenken.

Meine Mutter war zu diesem Zeitpunkt Mitte 30, also verhältnismäßig alt für eine Geburt. Es war eine Risikoschwangerschaft. Sie nahm extrem zu, und am Ende kamen die Wehen zwei Wochen zu spät. So war das Baby bei der Entbindung bereits 56 Zentimeter groß, was erhebliche Komplikationen mit sich brachte. Erst blieb der Säugling mit den Schultern im Geburtskanal stecken und wäre dadurch fast erstickt, dann gelang es den Ärzten, den Kindstod durch gezielte Schnitte zu verhindern, was wiederum zur Folge hatte, dass meine Mutter fast verblutet wäre. Die Geburt muss ein einziges Massaker gewesen sein. Bodo war mit im Kreißsaal und hat von diesem Erlebnis einen solchen Schock davongetragen, dass er Diabetes bekam. Das wurde erst später festgestellt, aber ist wohl Fakt.

Ich selbst hatte die Nacht zuvor bei meiner Oma übernachtet und fuhr am Tag der Entbindung mit ihr ins Krankenhaus, um meiner Mutter Blumen zu bringen. Wir hatten pinke Chrysanthemen gekauft. Das waren die Lieblingsblumen meiner Oma, deren unverkennbaren Duft ich bis heute mit ihr verbinde. Doch es kam nicht zur Übergabe des Blumenstraußes. Als sich nach ewiger Warterei endlich die Türen zum Kreißsaal öffneten und meine Oma und ich aufsprangen, kamen statt zweier freudestrahlender Eltern zwei lebende Leichen auf uns zu. Mein Stiefvater trottete wie ein Schatten seiner selbst neben einem Bett her, in dem meine Mutter wie leblos an uns vorbeigeschoben wurde. Ihre Haut war so fahl, dass es aussah, als hätte sie keinen Tropfen Blut mehr im Körper. Ich dachte, sie sei tot, und hab sofort angefangen zu heulen. Meine Oma hat mich in den

Arm genommen und getröstet. Nachdem sie kurz mit den Ärzten gesprochen hatte, erklärte sie mir, dass alles gut werden würde, Mama und mein kleines Schwesterchen aber erst mal eine Woche im Krankenhaus bleiben und aufgepäppelt werden müssten. Um mich abzulenken, kaufte mir meine Oma auf dem Heimweg eine Puppe. Das war so eine niedliche Babypuppe, die plärrte, wenn man ihr auf den Bauch drückte. Der Plan ging auf. Ich kam sofort auf andere Gedanken und hatte fortan nichts anderes im Sinn, als ununterbrochen den Bauch der Puppe zu drücken und mich über ihre heiseren Schreie zu freuen. Meiner Oma war das synthetische Geplärre vermutlich lieber als die echten Tränen ihrer Enkeltochter. Es sollte trotzdem verheerende Folgen haben.

Als wir am nächsten Morgen erneut ins Krankenhaus fuhren, war die neue Puppe mit dabei. Der Plan war, dass ich meine Mutter, die noch immer sehr schwach war, nur kurz besuche und anschließend mit Bodo nach Hause fahre, während meine Oma noch eine Weile bei ihrer Tochter blieb. Ein guter Plan, wie ich fand. Gab er mir doch nach Tagen, in denen ich meinen Stiefvater kaum gesehen hatte, endlich mal wieder die Gelegenheit, mit ihm alleine zu sein.

Im Bus vom Krankenhaus in die Schierker Straße präsentierte ich ihm stolz meine neue Puppe. Bodo war mürrisch und gereizt und beachtete sie kaum. Darum begann ich, pausenlos auf den Bauch zu drücken, so dass ein Plärren das nächste jagte. Irgendwann meinte mein Stiefvater, das nerve ihn, und ich solle damit aufhören. In den Worten lag etwas Schneidendes, Bedrohliches. Ich hatte diesen Unterton in seiner Stimme bisher nie wahrgenommen und deutete ihn völlig fehl. Ich dachte, er macht wieder einen seiner Witze. Also hab ich ihn angegrinst und die Puppe umso penetranter bearbeitet. Wie Kinder halt so sind. Ich war ja noch nicht mal zehn Jahre alt.

Doch mein Übermut dauerte nicht lange. Plötzlich sah Bodo mich mit einem Blick an, der mir das Blut in den Adern gefrieren ließ, und zischte: »Na warte, du wirst schon sehen, was du davon hast.«

Schlagartig wurde mir klar, dass das kein Spaß mehr war. Genauso wenig wie seine folgenden Worte: »Dafür kriegste zu Hause den Arsch voll.«

Jetzt war es nicht mehr die Puppe, die heulte, sondern ich selbst. Eine unbeschreibliche Angst kroch in mir hoch. Ich hatte bis zu diesem Tag nie Schläge bekommen. Weder von meiner Mutter noch von meinem Stiefvater. Ich wusste also gar nicht, was genau das bedeutete: »den Arsch voll kriegen«. Aber Bodos Tonfall klang so furchteinflößend, dass ich ihn für den Rest des Heimwegs anflehte, mich zu verschonen. Er reagierte jetzt überhaupt nicht mehr auf mein Gezeter. Mit versteinerter Miene stieg er aus dem Bus und führte mich wie ein ferngesteuerter Roboter nach Hause. Sein starrer Blick und sein eisernes Schweigen wirkten auf mich bedrohlicher als jeder Wutausbruch. Mit jeder Stufe, die wir im Treppenhaus höher stiegen, wuchs meine Panik. Das Klappern des Wohnungsschlüssels klang wie Peitschenhiebe. Das Krachen der Tür, als sie hinter uns ins Schloss fiel, ähnelte dem Zuklappen eines Sargdeckels. Aber das Schlimmste war die Stille danach. Die Stille, durch die er mich in den Flur zerrte, durch die er mich in mein Zimmer schubste, durch die wir auf mein Hochbett kletterten. Diese verdammte Stille, zu der er mir die Hose runterzog und durch die kurz darauf seine flache Hand auf meinen nackten Hintern niedersauste. Erst einmal, dann noch mal, dann noch mal und noch mal. Ich weiß nicht, wie lange. Erst als an einigen Stellen die Haut aufplatzte und blutige Stellen zum Vorschein kamen, hörte er auf. Danach fand er für kurze Zeit die Sprache wieder. Seine Worte klangen noch immer schneidend und bedrohlich wie auf der Busfahrt, als er sagte: »Wehe, du erzählst hiervon irgendwem. Dann kriegst du noch mehr Schläge.«

Damit ließ er mich heulend liegen.

28. Dezember –
Zwischen den Stationen

Weihnachten hab ich im Krankenhaus verbracht. Ein seltsames Gefühl. Es ist das erste Mal, dass ich an den Feiertagen nicht bei meiner Mutter war. Sie kam natürlich zu Besuch, aber das ist nicht dasselbe. Die Medikamente, die ich gegen die Kopfschmerzen und zum »Einstellen« auf die Gehirn-OP bekomme (sie wurde für Anfang Februar angesetzt), verhindern zum Glück, dass ich sentimental werde. Trotzdem spuken immer wieder Erinnerungen an frühere Weihnachten in meinem Kopf herum. An Riesentannenbäume mit Geschenken drunter. An Würstchen mit Kartoffelsalat. Oder an Zeilen aus Gedichten, die ich als Kind vor der Bescherung aufgesagt habe. Es wärmt von innen heraus, an solche Dinge zu denken. Und auch wenn die Rückkehr in die Krankenhausrealität irgendwie doppelt trostlos ist, kann ich sagen, dass ich heute zwei der besten Geschenke bekommen habe, die man mir in Anbetracht meiner Situation machen kann. Erst wurde ich von der Intensivstation in ein normales Zimmer verlegt, dann kam meine Mutter mit Odin vorbei.

Es war für mich das Größte, meinen geliebten Minibully nach einer Woche Trennung endlich wieder in die Arme zu schließen. Allerdings mache ich mir auch ein bisschen Sorgen. Mir ist eine kahle Stelle an seinem Kopf aufgefallen. Sie ist nur ganz klein, aber sie war vorher definitiv nicht da. Ich muss das im Auge behalten. Dadurch, dass der Hund komplett weiß ist, ist er äußerst empfindlich. Er hat eine Getreide-allergie, bekommt Spezialfutter und hat manchmal Haut-ausschlag. Dass ihm das Fell ausgeht, kann eigentlich nicht sein. Er ist ja erst ein paar Monate alt, fast noch ein Welpe. Sonst schien es ihm aber gutzugehen. Er hat sich total ge-freut, mich zu sehen. Fast hatte ich das Gefühl, er spürt, wie ich ihn vermisst habe. Ich weiß nicht, ob es an den Medika-menten liegt oder an meiner Grundeinstellung: Momentan kommt es mir vor, als ob die Trennung von meinem Hund das Schlimmste ist an der ganzen Krankenhausgeschichte. Der Rest kommt schon irgendwie in Ordnung. Ich hab schon krassere Tiefschläge weggesteckt.

Die Feuerwalze

Nach Bodos Prügelattacke konnte ich tagelang nicht richtig sitzen. Als ich danach aufs Klo ging und meinen Hintern im Spiegel ansah, waren noch die Abdrücke seiner Hände zu erkennen. Dort, wo die Fingerumrisse endeten, war teilweise die Haut aufgeplatzt. Dieses Anblicks bedurfte es allerdings gar nicht, um zu merken, dass jegliche Berührung meiner Arschbacken einen rasenden, brennenden Schmerz verursachte. Jeder Versuch, mich hinzusetzen, war zum Scheitern verurteilt. Am Esstisch hing ich nur noch auf der Stuhlkante. Wenn ich es doch schaffte, die Schmerzen niederzukämpfen und mich auf den Hosenboden zu setzen, rutschte ich die ganze Zeit unruhig hin und her. Nina blieb das Gezappel nicht verborgen. Irgendwann fragte sie, was mit mir los sei.

»Nix«, antwortete ich knapp. Bodo hatte ja gedroht, mich noch mal zu verprügeln, wenn ich jemandem von dem Vorfall erzählte. Vielleicht hätte er mir zusätzlich beibringen sollen, wie man glaubwürdig lügt.

Meine Schwester glaubte meinem gepressten »Nix« keine Sekunde. Stattdessen ging sie mit mir ins Badezimmer, zog mir die Hose runter und betrachtete meinen Hintern. Ich weiß noch, wie ihr Gesichtsausdruck von einem Moment auf den anderen von Entschlossenheit in Entsetzen umschlug. Tränen schossen ihr in die Augen. Sie wusste sofort, was los war. Wir mussten nicht sprechen, hätten sowieso keine Worte gefunden. Sie nahm mich einfach in den Arm und tröstete mich. Lange standen wir so da. Es war, als ob wir uns aneinander festhielten. Oder als ob wir Abschied nahmen. Wenn ich es recht bedenke, war diese Umarmung der letzte Moment, in dem ich mich in Ninas Gegenwart sicher fühlte.

Meine Mutter und unser neues Schwesterchen Ramona waren noch nicht mal aus dem Krankenhaus zurück, als es erneut Stress mit Bodo gab. Wieder war er von irgendwas genervt, wieder traf mich der stechende Blick, wieder fing er an, auf mich einzudreschen. Der Unterschied war nur, dass diesmal meine alarmierte Schwester mitbekam, was los war. Sie versuchte dazwischenzugehen. Leider ohne Erfolg. Ihr Eingreifen bewirkte lediglich, dass Bodos Aggressionen eine neue Adressatin fanden und diesmal Nina die meisten Schläge abbekam. Nach dem Prügelgewitter blieben wir alle beide zerstört zurück.

Von diesem Tag an schlug Bodo uns regelmäßig. Wegen jeder Kleinigkeit ging es rund. Weil wir nicht aufräumen wollten, weil wir etwas vergessen hatten, weil wir frech gewesen waren. Es gab keine Tätigkeit, die nicht Anlass für eine Tracht Prügel werden konnte. Wie eine Feuerwalze brannten die unberechenbaren Gewaltorgien jedes Geborgenheitsgefühl und jedes Vertrauen in mir nieder. Wie konnte es sein, dass der Mann, den ich jahrelang liebgehabt und als meinen Papa akzeptiert hatte, sich so verändert hatte? Und wie konnte es sein, dass er auf einmal so hinterhältig geworden war? Nachdem meine Mutter aus dem Krankenhaus zurück war, verschärften sich seine Drohungen. Im Anschluss an die Prügel, die natürlich nur stattfanden, wenn wir mit ihm alleine in der Wohnung waren, hieß es jetzt, er würde uns totschlagen, wenn wir meiner Mutter die Wahrheit erzählten.

Einmal hat er mein Tagebuch gefunden, während ich in der Schule war. Darin notierte ich ziemlich genau die Dinge, die er mit uns anstellte. Er muss das sehr aufmerksam von vorne bis hinten durchgelesen haben. Als ich an einem Abend den nächsten Eintrag vornehmen wollte, stand in seiner Handschrift quer über die Seiten geschrieben: »Interessant, was du hier über mich schreibst. Du wirst schon sehen, was du davon hast …«

Das Entziffern der krakeligen Schrift meines Peinigers in dem Buch, dem ich meine größten Geheimnisse anvertraute – es fühlte sich an wie eine Entweihung. Mit Bodos Eindringen in die Intimität meines Tagebuchs wurde auch der letzte Ort, an dem ich mich sicher fühlte, von der Bedrohlichkeit des Prügelalltags eingeholt. »Du wirst schon sehen, was du davon hast« – diese Formulierung war inzwischen ja nichts anderes als eine kodierte Umschreibung für »Es gibt Schläge«.

Während ich die Worte las, stand mein Stiefvater schon hinter mir im Türrahmen. Gleich darauf bekam ich die nächste Abreibung. Beim Schlagen achtete er immer peinlichst darauf, dass er nur Stellen traf, die normalerweise von Kleidung bedeckt waren. Und wenn ich doch mal einen blauen Fleck am Unterarm davontrug, wurde mir eingebleut, in den nächsten Tagen gefälligst Pullis mit langen Ärmeln zu tragen. Nach den Bestrafungen war er manchmal extralustig und herzlich. Dann schaffte er es sogar, mich wieder zum Lachen zu bringen, und es war fast wie in den alten Zeiten, um derentwillen ich ihm auch immer wieder verzieh. Aus Sicht meiner Mutter, die sich viel um das Baby kümmern musste – Ramona hatte als Folge der komplizierten Entbindung häufig Fieberkrämpfe –, lief das Familienleben somit relativ normal weiter. Und nach ein paar Monaten waren die Schläge, die Heimlichkeiten und die Angst für mich tatsächlich zu einem Stück Normalität geworden.

So rollte die Feuerwalze unaufhaltsam vorwärts. Und sie steckte neue Herde in Brand – darunter meine Schwester Nina. Nach einer Weile konzentrierten sich Bodos unkontrollierbare Aggressionsschübe zunehmend auf sie. Sie musste wirklich hart einstecken. Manchmal fühlte ich mich schuldig deswegen. Ich fragte mich, ob ich sie erst in die ganze Scheiße reingezogen hatte. Andererseits bekam ich zwischendurch auch wieder so heftig eine verpasst, dass ich mehr mit meinen eigenen Wunden beschäftigt war, als mich in Schuldgefühlen zu ergehen. Einmal drosch Bodo so hart mit einem Kochlöffel auf mich ein, dass der Löffel zerbrach. Dieses Missgeschick ist für mich bis heute der Indikator für die Wucht, mit der dieser Mann seine Schläge auf uns niederprasseln ließ. Unser Leben war ein einziges Chaos aus blauen Flecken, Angst und Hass. Ich hätte nie gedacht, dass es noch schlimmer kommen könnte, aber es kam schlimmer.

Während ich – eigentlich war ich ein aufgewecktes, fröhliches Kind – mich immer mehr zurückzog und verschloss, machte Nina eine Wandlung durch, die sich zunächst in immer häufigerer Abwesenheit von zu Hause äußerte, dann im radikalen Wechsel ihrer Freunde und Klamotten. War sie zunächst noch mit schwarzgefärbten Haaren, Gothic-Mantel und weißer Schminke herumgerannt, trug sie von einem Tag auf den anderen plötzlich Glatze und Springerstiefel und hatte einen Bekanntenkreis, der in der Skinhead- und Neonaziszene von Königs Wusterhausen angesiedelt war. Hinzu kam, dass sich Bodos Sadismus Stück für Stück auf sie zu übertragen schien. Ich bekam das zum ersten Mal zu spüren, als sie mich eines Tages mit ihren Kumpels auf dem Spielplatz abfing und vor versammelter Mannschaft mit einem

Ast vertrimmte. So was passierte danach häufiger. Sie wurde jähzornig und fing an, mich zu würgen, oder sie trat mit ihren Springerstiefeln auf mich ein.

Am bittersten war aber, dass sie anfing, mit Bodo gemeinsame Sache zu machen. Eines Abends fiel mir im Wohnzimmer die Fernbedienung runter und rutschte unter den Sessel. Ich hab mich gebückt, um sie aufzuheben. Als Nina das sah, kam sie von hinten und trat mir so kräftig in den Hintern, dass ich das Gleichgewicht verlor und voll mit dem Kopf gegen den Sessel knallte. Hat heftig weh getan. Aber Bodo und Nina standen da, guckten auf mich runter und lachten sich tot. Wie Satan und seine Gehilfin. Von da an fingen sie an, gemeinsam gegen mich zu arbeiten. Was allerdings nichts daran änderte, dass Bodo auch weiterhin meine Schwester verprügelte. Und meine Schwester mich.

Im Zuge dieser um sich greifenden Gewaltspirale bekam das Netz der Heimlichkeiten Risse. Einmal drückte Nina mich nach einem Streit mit dem Unterarm an die Tür und boxte mir unablässig mit der Faust in den Bauch. Sie war überhaupt nicht mehr zu bremsen. Wie ein Pitbull hing sie an mir und schlug ohne Unterlass zu. Selbst als unsere Mutter es mitbekam, ließ sie nicht von mir ab. Sie musste an den Haaren von mir weggezogen werden. Meine Mutter verstand die Welt nicht mehr. Fassungslos fragte sie uns: »Was ist denn um Himmels willen in euch gefahren? Was habt ihr denn auf einmal?«

Wir hätten viel sagen können, haben es aber nicht getan. Wir haben nur mit den Schultern gezuckt. Der Rest war Schweigen. Meine Mutter sollte trotzdem bald die Wahrheit herausfinden.

31. Dezember 2009 –
Gute Vorsätze

Sie haben mich nach Hause geschickt. Bis zur Operation im Februar soll ich mich schonen. Silvester verbringe ich in der Wohnung meiner Mutter. Es ist ein bisschen, als würden wir Weihnachten nachholen. Meine Mutter hat sich total Mühe gegeben – hat schön gekocht, das Wohnzimmer dekoriert, alkoholfreien Sekt besorgt. Ich ziehe trotzdem eine Fresse. Ich kann nichts dagegen tun. Es ist einfach zu öde, feiern zu wollen und nichts, aber auch gar nichts tun zu dürfen, was Spaß macht. Nicht trinken, nicht rausgehen, nicht tanzen. Immer wieder bekomme ich Nachrichten oder Anrufe von alten Freunden, die mitbekommen haben, dass ich hier bin.

»Hey, kommst du mit, Party machen?«

»Nee, darf ich nicht.«

»Na, dann komm wenigstens um zwölf runter!«

»Zu viel Trubel, zu viel Stress. Muss mich ausruhen.«

»Dann eben jetzt gleich. Nur kurz anstoßen.«

»Alkohol ist tabu, sorry.«

Irgendwann stelle ich das Handy einfach lautlos und lege es weg. Die ständige Versuchung und Rechtfertigungsnot stressen mich mehr, als wenn ich dieses Silvester einfach abhake und in den Wind schieße. Auch wenn ich dadurch zwangsläufig auf negative Gedanken zurückgeworfen werde.

Als ich heute Morgen nach dem Krankenhaus kurz zu Hause war, dachte ich, ich sehe nicht richtig. Ich bin erst vor einem Monat umgezogen. Kein Riesenumzug, sondern nur vom Hinterhaus ins Vorderhaus. In einen schönen Altbau in Berlin-Mitte. Trotzdem ist durch die unerwartete Krankenhausepisode viel liegengeblieben. Ich hatte meinen Freund gebeten, während meiner Abwesenheit ein paar Kartons auszupacken und ein bisschen Klarschiff zu machen. Nichts dergleichen ist passiert. Als ich die Wohnung betrat, stank es wie im Pumakäfig, die Kartons waren nicht angerührt worden, und es lagen überall Müll und dreckiges Geschirr herum. Ich muss nicht dazusagen, dass Geschirr und Essensreste nicht von mir stammten, oder? Mein Freund hatte die Sturmfrei-Situation dazu genutzt, um zu hausen wie ein Höhlenmensch. Zusätzlich hat er das letzte Bargeld, das noch in der Wohnung herumlag, auf den Kopf gehauen. Er ist Bauarbeiter und wie viele seiner Kollegen im Winter arbeitslos, nachdem er den Sommer durchgeschuftet hat. Schuftend kenne ich ihn allerdings nicht. Wir sind noch nicht lange zusammen. Aber ein anstrengender Sommer ist doch kein Grund, meine Wohnung zuzumüllen und mein Geld zu verprassen, oder? Mich beschlich das vertraute und ziemlich unangenehme Gefühl, dass ich mal wieder an ein Arschloch geraten bin.

Angesichts des Saustalls war ich drauf und dran, mich auf der Stelle zu trennen. Ich hab's nicht getan. Ich will jetzt nicht alleine sein. Die letzten Wochen vor der OP einsam in der Wohnung zu sitzen und Däumchen zu drehen ist das Letzte, was ich brauche. Auch Arschlöcher können für Ablenkung sorgen. Und Ärger steckt man in der Regel leichter weg als Angst. Deshalb stört es mich auch nicht, dass mein Freund jetzt nicht hier ist. Ich scheiße auf den ganzen Silvesterzirkus. Odin reagiert auf das Krachen der Böller vor dem Fenster sowieso mehr verschreckt als begeistert. Es ist ein gutes Gefühl, in diesem Moment für ihn da zu sein. Zumal die kahle Stelle an seinem Kopf größer geworden ist. Wir müssen unbedingt zum Tierarzt.

Das ist der erste Vorsatz fürs neue Jahr. Der zweite lautet: OP überstehen!

Die Verbannung

Nach zwei Jahren Ehe war bei meiner Mutter und Bodo vom Glück der ersten Jahre nicht mehr viel übrig. Sie stritten inzwischen häufig, weil Bodo nie im Haushalt half und das Baby, das er sich so gewünscht hatte, so gut wie nicht beachtete. Meine Mutter war zunehmend frustriert über die Situation. Zumal sie sich auch als Frau vernachlässigt fühlte. Um sich auszuheulen, ging sie immer häufiger zu Bodos Bruder: Detlef. Der kannte nicht nur die Beziehung von Anfang an, er wusste auch, wie man mit den Launen seines Bruders umzugehen hatte. Außerdem war er ein guter Zuhörer. Ich hatte ihn nie gemocht. Weder optisch noch menschlich. Wenn Bodo George Michael war, dann war Detlef der Hulk. Ich fand ihn trampelig und linkisch. Zu seinen Beinen hab ich immer »Trommelstöcke« gesagt, weil er so komisch gelaufen ist. Außerdem hatte er meist eine Bierfahne. Jedoch: Meiner Mutter muss er gutgetan haben. Sie fand bei ihm die mentale Unterstützung, die sie bei ihrem Mann vermisste. Und die sollte sie im Herbst 1993 mehr denn je brauchen.

An einem trüben Oktobertag hatte sie früher Feierabend als gewohnlich. Anders als an anderen Tagen, an denen sie die freie Zeit vielleicht mit Detlef verbracht hätte, fuhr sie in diesem Fall direkt nach Hause in die Schierker Straße. Schon beim Aufschließen drangen unterdrückte Schreie und brachiales Poltern an ihr Ohr. Als sie die Wohnung betrat, sah sie mich.

Ich stand mit ängstlichem Blick im Flur und wusste nicht, ob ich über ihre unerwartet frühe Rückkehr erleichtert oder entsetzt sein sollte. Bodo hatte sich mit Nina in ihrem Zimmer eingeschlossen, wie er es inzwischen öfter tat, wenn er sie verprügelte. Das Poltern, das sie hörte, waren Bodos Schläge, das Keuchen kam von Nina. Hinter der geschlossenen Zimmertür und im Rausch der Gewalt hatten die beiden das Schlüsselklappern an der Haustür nicht mitbekommen. So hielten Ninas schmerzerfüllte Schreie auch an, als meine Mutter schon den Flur entlangeilte und das rechte Ohr an die Tür legte. Sie wirkte bei alledem zunächst ruhig, fast sachlich. Erst als sie die Klinke heruntergedrückt hatte und merkte, dass die Tür verschlossen war, wurde sie laut. Ich werde nie vergessen, wie sie mit aller Kraft ihre Fäuste gegen die Tür hämmerte und schrie: »Was machst du da drinnen mit meiner Tochter?«

Auf der anderen Seite kehrte schlagartig Stille ein. Nur noch Ninas leises Wimmern war zwischen den immer hektischer werdenden Klopfgeräuschen meiner Mutter zu hören.

»Mach sofort auf«, brüllte sie jetzt außer sich vor Wut und Entsetzen. »Sonst trete ich die Tür ein!«

Kurz darauf drehte sich der Schlüssel im Schloss, und die Tür schwang auf. Der Anblick, der sich nun bot, ließ keine Fragen offen. Mein Stiefvater stand da wie ein ertappter Schuljunge, meine Schwester kauerte auf dem Boden, heulte und krümmte sich vor Schmerzen. Die folgende Unterredung war kurz. Nachdem das schrill verzweifelte »Was ist hier los?« meiner Mutter mit Schweigen beantwortet worden war, fragte sie erst Nina und dann mich, ob Bodo uns schlagen würde. Und ob das schon oft vorgekommen sei. Als wir beide, wenn auch zögerlich, nickten, handelte sie sehr schnell. In einer Mischung aus vollkommener Aufgelöstheit und wilder Entschlossenheit, die keinen Widerspruch zuließ, schmiss sie Bodo aus der Wohnung. Sofort. Ohne auch nur einen Augenblick zu zögern. Wenn es darum geht, ihre Kinder zu schützen, ist meine Mutter eine Löwin. Sie kämpft bis aufs Blut. In diesem Fall war allerdings kein Kampf nötig. Der Mann, der über Monate unser Peiniger gewesen war, räumte das Feld, als hätte er jahrelang nichts anderes getan, als auf die Verbannung aus seinem eigenen Königreich zu warten. Es gab keine Diskussionen, es gab keine Rechtfertigung, und nachdem er gegangen war, gab es für uns von einem Tag auf den anderen keinen Bodo mehr. Ich habe ihn erst Jahre später wiedergesehen.

Auf den Rausschmiss meines Stiefvaters folgten zehn Tage des Durchatmens. Unsere Mutter schenkte uns all den Trost, den sie aufbringen konnte, und ich bekam wieder eine Ahnung davon, wie es sich anfühlte, von der Schule nach Hause zu kommen, ohne zu befürchten, gleich wieder auf die Fresse zu bekommen. Zwischendurch führten wir Gespräche, zu denen meine Mutter auch ihre eigenen Eltern dazuholte. Dabei kam heraus, dass mein Opa einmal mitbekommen hatte, wie Bodo uns schlug. Er hatte sich hinter ihn gestellt nach dem Motto »Dann werdet ihr das wohl verdient haben« und den Vorfall für sich behalten. Meine Mutter war außer sich, als sie davon hörte. Sie hat ihm bis heute nicht verziehen, dass er ihr nichts gesagt hat.

Ich glaube, dass ihre Welt in diesen Tagen mal wieder völlig aus den Fugen geraten war. Wieder war sie an einen Schläger geraten, wieder saß sie mit ihren Töchtern alleine da, wieder glich ihr Leben einem Scherbenhaufen. Und auch wenn sie sich uneingeschränkt vor uns stellte und die Trennung von Bodo nicht einen Augenblick in Frage gestellt wurde, muss sie heftige Sorgen gehabt haben, wie sie uns alle vier durchbringen soll. Anders kann ich mir nicht erklären, warum ich am Morgen des elften Tages nach Bodos Abgang aus meinem Zimmer kam und auf einmal Detlef sah. Er saß am Küchentisch und frühstückte mit meiner Mutter. Ich dachte, ich bin im falschen Film, und hab total pampig gefragt: »Was machst du'n hier?«

»Na ja …«, kam es stoffelig zurück. »Ich wohn jetzt bei euch.«

Ich habe nur meine Mutter angeguckt und gesagt: »Das ist ein schlechter Scherz, oder?«

Leider war es keiner. Die Trommelstöcke waren gekommen, um zu bleiben. Das war zu viel für meine geschundene Seele. Von diesem Tag an fing ich an zu rebellieren.

7. Januar 2010 – Nebel, Schnee und Spießrutenläufe

Ich war im Virchow-Klinikum und hab mit dem Arzt gesprochen, der die Gehirn-OP durchführen wird. Er ist sehr nett und scheint zu wissen, was er tut. Ich hab ein gutes Gefühl. Allerdings ist mir aufgefallen, dass im Arztbericht aus der Charité immer noch die Drogen-Vermutung drinsteht. Vollidioten. Ich werde noch mal nachhaken müssen. Ansonsten hat der Arzt mir erzählt, welche Risiken die OP birgt. Höchstwahrscheinlich werden sie die äußerste Spitze des Tumors nicht entfernen können, weil die Gefahr zu groß ist, dass dann die Gesichtslähmung bleibt und mein Sprachzentrum dauerhaft beschädigt wird. Diese Gefahr besteht ohnehin. Ich werde mit meiner Mutter über eine Patientenverfügung sprechen müssen. Sollte etwas schiefgehen, will ich nicht, dass ich monatelang an Apparate angeschlossen und künstlich am Leben gehalten werde. Ich will kein Spielball der Technik werden.

Aber ich will auch nicht den Teufel an die Wand malen. Wenn alles glattläuft, hab ich das Ganze heute in einem Monat hinter mir und kann in zwei Monaten wieder mit Odin Gassi gehen. Dann ist hoffentlich auch das Wetter besser. Es schneit immer wieder, und die Gehwege sind total vereist. Der Gang ins Krankenhaus war der reinste Spießrutenlauf. Ich bin wie eine alte Oma gegangen. Ich will ja nicht kurz vor der OP noch auf die Schnauze fallen und mir zusätzlich eine Gehirnerschütterung holen.

Der Tierarzt konnte mir mit der kahlen Stelle an Odins Kopf nicht weiterhelfen. Er hat ein paar Tests gemacht, aber nichts Besorgniserregendes festgestellt. Wenigstens das nicht. Ich habe eine Salbe mitbekommen. Mal gucken, ob die wirkt.

Meinen Freund hab ich wegen des Chaos in der Wohnung noch mal richtig auf den Topf gesetzt. Er hat es über sich ergehen lassen und wenigstens das dreckige Geschirr weggeräumt. Der Rest ist mir momentan auch egal. Ich bin sowieso meistens am Schlafen. Und wenn ich doch mal wach bin, bin ich durch die Medikamente so benebelt, das ich alles locker sehe – meine Wohnung, meinen Freund, mein Äußeres. Eigentlich müsste ich dringend zum Friseur. Aber das würde sich momentan sowieso nicht lohnen. Damit sie bei der Operation den Schädel aufsägen und ans Gehirn rankommen können, muss die linke Kopfhälfte komplett kahlrasiert werden. Auch das hat der Arzt mir vorhin erzählt. Er hat es ganz vorsichtig gesagt und sich beeilt zu betonen, dass die Haare überall, außer auf der Narbe, nachwachsen. Viele Frauen stellen sich wohl sehr an, wenn sie sich die Zotteln rasieren sollen. Ich gehöre nicht dazu. Bis auf zwei kurze Phasen in meiner Kindheit waren meine Haare sowieso immer kurz. Mein persönlicher Rekord war Ellbogenlänge, als ich neun war. Danach ging mir das Geflatter auf die Nerven, und ich hab gesagt: »Jetzt will ich einen Bob.«

Den hab ich bekommen. Ein Riesenreinfall. Die Friseurin hat mir einen Prinz-Eisenherz-Schnitt vom Allerfeinsten verpasst. Pfui Deibel, sah das scheiße aus. Eine Woche bin ich damit rumgelaufen, dann waren meine Haare raspelkurz. Spätestens von da an hab ich Haare als Testgelände zum Rumprobieren verstanden. Eine Einstellung, die in der Teenagerzeit zu den wildesten Experimenten führte.

Vom Regen in die Traufe

Eins muss ich Detlef lassen: Er hat meine Mutter immer ganz okay behandelt und war ernsthaft verliebt in sie. Das ist meine rückblickende Beurteilung. Nachdem er eingezogen war, habe ich ihn allerdings genau dafür gehasst. Ich war richtig aggro auf den Typen und wollte ihn unbedingt rausekeln aus unserer Wohnung. Unterbewusst wollte ich nach den Prügeljahren mit Bodo wahrscheinlich einfach Zeit ohne irgendeinen Vollidioten von Hilfs-Papa haben. Zeit, die wir mit unserer Mutter alleine hatten, um die letzten Monate zu verarbeiten. Stattdessen trampelte dieser versoffene Bauer durch unsere Wohnung und stand nicht nur einer Aufarbeitung unserer Erlebnisse, sondern auch rein körperlich überall im Weg herum. Wenn ich etwas im Fernsehen gucken wollte, hat er umgeschaltet, wenn ich mit meiner Mutter reden wollte, redete bereits er mit ihr.

Einmal war ich eine Woche mit Detlef allein zu Hause. Meine Mutter war mit Ramona auf Kur wegen der Fieberkrämpfe. An einem Tag kam ich aus der Schule und musste dringend auf die Toilette. Die Klotür war von innen abgeschlossen, und obwohl ich Detlef drinnen undefinierbar schnaufen hörte, half kein Hämmern und kein Rufen. Die Tür blieb zu. In meiner Verzweiflung rief ich, von einem Bein aufs andere hüpfend, meine Mutter an und fragte, was ich machen soll. Sie erklärte mir dann, dass man die Tür relativ leicht mit einem Geldstück öffnen konnte. Durch ihren

43

sorgenvollen Tonfall wurde ich selbst ganz nervös und hab eine Weile gebraucht, bis mein Gefrickel von Erfolg gekrönt war. Als die Tür endlich aufsprang, stieß ich einen spontanen Schreckensschrei aus. In der Badewanne lag Detlef mit geschlossenen Augen und sah aus wie eine Leiche. Die Leiche wurde durch meinen spitzen Schrei allerdings prompt zum Leben erweckt – falls man diesen sternhagelvollen Zustand als lebensfähig verstehen darf. Wie ein Zombie erhob sich Detlef aus der Wanne und wankte wortlos an mir vorbei ins Schlafzimmer, krachte aufs Bett und begann kurz darauf zu schnarchen. »Vom Regen in die Traufe«, dachte ich nur. Aber wenigstens konnte ich jetzt endlich pinkeln.

Die ganze Situation ging mir so auf die Nerven, dass ich nur noch auf Krawall gebürstet war. Die Ratschläge meiner Mutter hab ich systematisch ignoriert, meine Schulnoten wurden dramatisch schlechter, ich hab mir die Augen schwarz geschminkt und mich gestylt wie Keith Flint von The Prodigy. Wie ein Punk sah ich aus, auch wenn ich musikalisch eher Techno- und Heavy-Metal-mäßig unterwegs war. Detlef mochte meine Musik nicht. Das kam mir nur gelegen. Um ihn zu provozieren, hab ich die Anlage in meinem Zimmer extra laut aufgedreht und aus vollem Hals mitgegrölt. Als ich im Badezimmerschrank meiner Oma eine Schaumtönung in Farbnote »Pflaume« entdeckte, hab ich sie gemopst und mir in die Haare geklatscht. Das war die Geburt meiner Haarfarben-Odyssee. Von da ab hatte ich von Grün bis Pink und von Rot bis Blau so ziemlich alle Farben außer meinem aschblonden Naturton auf dem Kopf. Zu Hause war man davon natürlich nicht begeistert. Aber anti wie ich war, hat mich das eher angespornt als gebremst.

Das erste Mal, dass meine Mutter endgültig das Gefühl hatte, die Kontrolle über mich zu verlieren, war vermutlich, als ich mit einer Wanne nach Hause gebracht wurde. Wannen nannte man bis 2005 die vergitterten Mannschaftswagen der Berliner Polizei. Ich hatte im Dezember 1993 die Ehre, damit in die Schierker Straße kutschiert zu werden. Als so lustig, wie das jetzt klingt, empfand ich das damals allerdings nicht. Im Gegenteil. Es war ein Riesendrama. Es war kurz vor Weihnachten, und ich war shoppen gewesen. »Shoppen«, das bedeutete in diesen verhaltensauffälligen Tagen, dass ich in Läden marschierte, wie ferngesteuert allen möglichen Krimskrams in eine Riesentasche schaufelte und ohne zu bezahlen das Geschäft wieder verließ. Das geschah zum einen, weil ich kein eigenes Geld hatte, zum anderen, weil es zu einer Art Freizeitbeschäftigung wurde. Zur Adventszeit diente es dann sogar einem konkreten Zweck. Ich wollte Weihnachtsgeschenke besorgen – bei Woolworth in der Karl-Marx-Straße, dem dritten Laden, der nach Spiele-Max und Karstadt meiner neuen Shoppingmentalität zum Opfer fallen sollte. In der Einkaufstasche landeten Wellnessprodukte für meine Mutter, Duschzeug für meine Schwester, Handtücher für meine Oma und so weiter. Sogar für den ungeliebten Detlef packte ich einen Rasierer ein. Als ich alles beisammen hatte, stolzierte ich in bewährter Spiele-Max- und Karstadt-Manier aus dem Laden … Und wurde eine Minute später vom Ladendetektiv am Kragen gepackt. Es war grauenhaft. Ich musste mitkommen, der Fall wurde protokolliert, die Polizei kam, und schließlich wurde ich heulend wie ein Schlosshund mit der Wanne heimgefahren. Zum Glück war nur meine Oma zu Hause. Die hat mich dann stundenlang gelöchert, was mir denn einfiele und warum ich das gemacht hätte. Keine Ahnung, was ich geantwortet habe. Ich weiß nur noch, dass meine Mutter relativ cool reagierte, als sie am Abend von dem Zwischenfall hörte. Es war ja erst zwei Monate her gewesen, dass sie Bodo beim Prügeln erwischt und ihn an die Luft gesetzt hatte. Auch meine Abneigung gegen Detlef war ihr nicht verborgen geblieben. Dass zwischen diesen Faktoren und meinem unausstehlichen Verhalten Zusammenhänge bestanden, muss ihr im Gegensatz zu mir selbst und meiner Oma sofort klar gewesen sein.

Als schließlich auch aus der Schule immer mehr Klagen über meine mangelhaften Leistungen und mein schlechtes Betragen kamen und sich sogar die Schulpsychologin meiner annahm, schickte mich meine Mutter zu einer Kindertherapeutin. Sie sollte das Trauma der Gewalterfahrungen bannen. Das hat sie zwei Jahre lang versucht. Ohne Erfolg. Ich war so garstig zu dieser Frau und hab sie so was von auflaufen lassen, dass am Ende nicht ich, die Patientin, heulend im Sessel saß, sondern sie, die Therapeutin, heulend aus dem Gesprächsraum stürzte. Damit war die Behandlung dann auch beendet. Ein zweifelhafter Triumph. Wäre es umgekehrt gewesen, hätte ich mir vielleicht ein paar der Abstürze erspart, die mir nun bevorstanden.

4. Februar 2010 –
Zwischen Leben und Tod

Es ist so weit. Ich bin wieder im Krankenhaus. Morgen früh werde ich operiert. Ich bin alleine hergekommen. Diese Situation muss ich mit mir selbst ausmachen. In meinem Krankenbericht ist von Drogen jetzt übrigens keine Rede mehr. Nachdem ich in der Charité noch mal auf den Tisch geklopft hatte, haben sie den betreffenden Passus aus dem Schreiben entfernt. Endlich. Für mich fühlt es sich an wie ein Neuanfang der Beziehung van Hell und die Krankenhäuser. Es kommt mir sogar vor, als ob bei den Aufnahmeformalitäten alle besonders freundlich zu mir waren. Die Frau, die mir Blut entnommen hat, hat mir Mut gemacht und betont, dass die Neurologie des Virchow-Klinikums einen guten Ruf hat. Der Anästhesist, der mir die Risiken der Narkose erklärt hat, hat sich richtig viel Zeit genommen. Der Arzt hat mir zuerst gesagt, was bei der OP konkret gemacht wird. Schädel aufsägen, Sonde ins Gehirn führen, Tumor mit Blutgerinnsel entfernen. Dann hat er meine Fragen zur Patientenverfügung beantwortet.

Ich bin in den letzten Wochen wie verrückt durchs Internet gesurft und dabei auf einen völlig unübersichtlichen Wust aus Vorlagen für Patientenverfügungen gestoßen, von denen manche seitenlange Fragebögen waren, andere nur knappe, zweiseitige Bekenntnisse für oder gegen lebenserhaltende Maßnahmen und deren Methoden. Was bei allen gleich war, war die Schlussfrage, ob ich im »Vollbesitz meiner geistigen

Kräfte« sei. Darüber war ich mir nach all dem Geschreibsel irgendwann selbst nicht mehr so sicher.

Am Ende hab ich mich für einen relativ umfassenden Fragebogen entschieden, in dem ich meine Mutter als Person für den Beistand im Sterbefall bestimmt habe. Der Arzt meint, das sei die richtige Entscheidung. In den Kurzversionen werden viele Dinge so knapp formuliert, dass die Mediziner zu viel Interpretationsspielraum haben. Zumal sie oft Formulierungen wie »unerträgliche Schmerzen« oder »unwürdige Umstände« enthalten, von denen man nicht wissen kann, was sie genau bedeuten. Ich finde die Bestätigung des Arztes ganz beruhigend. Dann war die Ankreuzorgie wenigstens nicht völlig umsonst. Obwohl ich andererseits natürlich hoffe, dass alles ohne Komplikationen über die Bühne geht und die Verfügung am Ende überflüssig ist. Es ist schon krass, sich so sachlich und nüchtern mit den Umständen des eigenen Todes zu beschäftigen. Ich bin 27 Jahre alt. In so jungem Alter sollte man doch eigentlich Party machen, statt Gedanken über das Sterben zu verschwenden, oder? Andererseits haben mich die Fragen nicht nur über den Tod, sondern auch über meine Einstellung zum Leben nachdenken lassen. Über das, was mir wirklich wichtig und unwichtig ist. Prompt denke ich wieder an Odin. Nach der OP werde ich ihn schon wieder eine Woche lang nicht sehen können, verdammt. Die Salbe hilft auch nicht, und die kahle Stelle an seinem Kopf wächst weiter.

Dabei fällt mir ein: Gleich werden mir die Haare abrasiert. Für die OP muss ja die rechte Schädelhälfte frei sein. Ich hab schon zu Hause überlegt, ob ich mir gleich eine Glatze schneiden soll, damit im Krankenhaus nicht mehr an mir rumgeschoren werden muss, aber ich hab's mir anders überlegt. Ich warte erst mal ab, wie ich nach der OP aussehe.

Wenn wegen der Narbe ein bekloppter asymmetrischer Look rauskommt, kann ich ja immer noch zum Kahlschlag ansetzen. Irokese ginge auch. Ja, Pläne schmieden, das ist gut. Eigentlich bin ich auch relativ ruhig. Angst hab ich kaum. Zumindest nicht vorm Sterben. Höchstens vor Schmerzen. Die Schwester mit dem Rasierer kommt!

Ehrenrunde

Als ich 15 war, sind wir von Neukölln nach Lichtenrade im Süden von Berlin umgezogen. Die Episode zwischen meiner Mutter und Detlef war inzwischen vorbei, aber meine Flegeljahre waren trotzdem nicht überwunden. Das Schuljahr 97/98 hatte ich mit Fünfern in Physik und Mathe abgeschlossen, die auch meine Eins in Sport und meine Zwei in Chemie nicht ausgleichen konnten. Ich beendete meine Zeit an der Evangelischen Privatschule in Neukölln also mit einem Sitzenbleiber-Zeugnis und begann das Schuljahr an der öffentlichen Realschule von Lichtenrade mit der neunten Klasse, die ich eigentlich schon hinter mir hatte. Keine gute Kombination. Ich war nie besonders gerne zur Schule gegangen. Von der ersten Klasse an stand in allen meinen Zeugnissen, dass ich unkonzentriert und aufsässig war und mit ein bisschen mehr Fleiß erfolgreicher hätte sein können. Solche Pädagogenfloskeln trugen aber genauso wenig dazu bei, mich auf den rechten Weg zu führen, wie das Gemecker der Lehrer.

Was allerdings noch weniger dazu beitrug, war der Wechsel von der privaten an eine öffentliche Schule. Wie häufig im Leben merkte ich erst jetzt, wo ich nicht mehr hinging, welche Vorteile meine alte Schule hatte. Es hatte dort viel mehr AGs gegeben, die Fahrten waren schöner, die Betreuung intensiver, wir hatten bessere Bücher. Für diese Annehmlichkeiten konnte man ruhig in Kauf nehmen, dass Religion ein

Hauptfach war, wir die Bibel hoch und runter lasen und jeden Tag vor Schulbeginn eine Morgenandacht mit Gebet und Gesang in der Turnhalle über uns ergehen lassen mussten. Das klingt jetzt, als wäre ich von Haus aus furchtbar religiös gewesen, was nicht der Fall war. Ich bin inzwischen sogar aus der Kirche ausgetreten und finde, dass der Laden die reinste Mafia ist, aber meine Mutter hatte damals zwei gute Gründe, uns auf die Evangelische Schule zu schicken: Sie wusste, dass wir dort eine bessere Ausbildung erhalten als auf staatlichen Schulen, und sie wollte uns von den sozialen Brennpunkten fernhalten, als die die öffentlichen Neuköllner Schulen bis heute bekannt sind. Das erste Motiv war angesichts meiner schlechten Noten hinfällig, das zweite fiel durch den Umzug sowieso weg. Also kam ich auf die Lichtenrader Realschule und langweilte mich vom ersten Tag meiner Ehrenrunde an halb zu Tode. Es war ein Unterschied wie Tag und Nacht. Hatte ich mich vorher vom Unterricht überfordert gefühlt, war ich jetzt völlig unterfordert. War mir vorher die permanente außerschulische Betreuung auf die Nerven gegangen, fehlte sie jetzt komplett. Und hatte ich mich vorher manchmal als Klassen-Assi gefühlt, so kam es mir jetzt umgekehrt vor. Denn ganz ehrlich: Lichtenrade war zwar ein Randbezirk, in dem es mehr Grün und mehr Spielplätze gab, als wir sie in Neukölln gehabt hatten, aber ansonsten konnte man auch hier durchaus von einem »sozialen Brennpunkt« sprechen. Die größere Sicherheit, die sich meine Mutter von dem Umzug besonders im Interesse meiner kleinen Schwester versprochen hatte, trat für mich zumindest nicht ein. Einmal wurde ich sogar von einem Mitschüler mit einem Messer bedroht, weil er Geld von mir haben wollte. Er hat zwar keins bekommen, und mich hat das lächerliche Pseudogangstergetue nicht weiter beeindruckt, aber der Vorfall dürfte das Wohlfühl-Level zeigen, das auf der neuen Schule herrschte. Und er erklärt, warum ich nach kurzer Zeit anfing, systematisch zu schwänzen.

Da meine Mutter sowieso von 7 bis 15 Uhr arbeiten musste, fiel es nicht weiter auf, wenn ich später oder gar nicht in die Schule ging. Irgendwann rief meine Klassenlehrerin bei uns an, um meine häufigen Fehlzeiten zu monieren, woraufhin meine Mutter erst mir eine Standpauke hielt und dann meinen Onkel, der zwei Stockwerke unter uns wohnte, beauftragte aufzupassen, ob ich morgens das Haus verlasse. Er war Briefträger und hatte flexiblere Arbeitszeiten als sie. Also verließ ich fortan jeden Morgen das Haus. Aber ich ging nicht zur Schule, sondern fuhr mit der S-Bahn nach Steglitz und bummelte durch die Schlossstraße. Was ich dabei nicht bedachte: So ein Briefträger kommt mit seinem Fahrrad relativ weit herum. Und er muss zwischendurch auch mal Briefe in Steglitz abliefern. So kam es, wie es kommen musste: Eines Tages standen mein Onkel und ich uns unerwartet in der Schlossstraße gegenüber.

Er: »Was machst du denn hier?«

Ich: »Äh ... Besorgungen.«

Er: »Müsstest du nicht in der Schule sein?«

Ich: »Äh ... Sport ist ausgefallen.«

Der letzte Satz muss so unglaubwürdig rübergekommen sein, dass mein Onkel meine Mutter angerufen hat. Die hat sofort geschaltet. Zumal sie wusste, dass ich an diesem Tag gar keinen Sport hatte. Der Kontrollauftrag wurde nun auf regelmäßige Stippvisiten in unserer Wohnung erweitert. Ich versteckte mich im Schrank und unterm Bett, während mein Onkel ahnungslos durch die Wohnung tapste und »Alex, bist du da?« rief. Mittlerweile ist mir klar, dass ich meine grenzenlose Cleverness vielleicht lieber in der Schule hätte zum Einsatz bringen sollen. Dann hätte ich mir nicht meinen Realschulabschluss versaut. Aber mit so was kann man einem renitenten Teenager natürlich nicht kommen. Ich hatte andere Interessen. Und die konzentrierten sich zu dieser Zeit auf eine kleine Gang, mit der ich immer an der Pumpe oder am Roseneck abhing.

Im Kern war das eine Truppe von etwa zehn Leuten, die ich auf dem Basketballplatz und dem Spielplatz kennengelernt hatte. Die meisten von ihnen waren älter als ich und schon raus aus der Schule. Sie waren sozusagen Erwachsene. Deshalb vertrieben sie sich ihre Zeit auch wie Erwachsene: mit Saufen und Kiffen. Die Gang war ein Bekanntenkreis, der ständig schrumpfte und ständig wuchs. Allein dadurch, dass man im stetigen Austausch darüber war, wo sich die Leute Gras und Dope besorgten, ergaben sich laufend neue Bekanntschaften. Nicht nur mit Menschen, sondern auch mit Drogen. So kam es zu einem denkwürdigen LSD-Horrortrip.

5. Februar 2010 – Augen zu!

Ich fühle mich, als hätte ich mein bisheriges Leben und alles, was damit zusammenhängt, mit den Unterschriften und Einwilligungen des gestrigen Tages in die Hände der Ärzte gegeben. Diese Übergabe habe ich dann mit der Beruhigungspille, die ich gerade genommen habe, besiegelt. Es ist sieben Uhr morgens, ich liege im Bett und warte darauf, dass die Schwestern mich für die OP abholen. Am Leib trage ich nur eins dieser dünnen Krankenhaus-Kittelchen, die hinten offen sind. An der unteren rechten Schädelhälfte trage ich seit der gestrigen Rasur nackte Haut. Im Kopf habe ich, spätestens seit die Pille zu wirken anfängt, nur noch Matsch. Von Aufregung keine Spur. Ich könnte sofort wieder schlafen. In der Nacht hab ich komisch geträumt. Ich ging einen langen Highway entlang, und alle möglichen Leute aus meiner Vergangenheit tauchten am Straßenrand auf, um sich in Luft aufzulösen, sobald ich näher kam: Bodo, Detlef, meine Schwester … Über der Szenerie stand ein großer, dicker Vollmond. Ein Vollmond mit runden Ohren, Nase und Augen. Er sah aus wie Micky Maus. Hab ich diesen Mond nicht schon mal irgendwo gesehen?

Projekt Pappe

Wir hingen mal wieder am Roseneck, kifften und redeten über Grenzerfahrungen und Filmrisse, als plötzlich der Älteste in der Runde meinte: »Wisst ihr was, ich hab 'ne Idee. Wir besorgen uns Pappen.«

Der Vorschlag wurde mit anerkennendem Murmeln und aufgekratztem Nicken aufgenommen. Heute bin ich mir sicher, dass die Hälfte der Anwesenden nicht mal wusste, was eine Pappe überhaupt ist. Ich jedenfalls wusste es nicht. Aber ich hab trotzdem mitgemurmelt und mitgenickt. So wurde das Projekt Pappe auf der Stelle in Angriff genommen. Mit der S-Bahn traten wir eine kleine Weltreise aus dem tiefsten Süden von Berlin ins Zentrum der Stadt an, um uns eine Stunde später in einer Aussteigersiedlung nahe der Jannowitzbrücke wiederzufinden. Für mich war das eine vollkommen fremde Welt. Die Leute lebten in Wohnwagen und selbstgezimmerten Holzhäusern, in der Luft hing Holzfeuerduft und Marihuana-Rauch, und inmitten der kauzigen Gesellschaft aus verzottelten und verstrahlten Gestalten liefen Kleinkinder durch die Siedlung wie über einen Abenteuerspielplatz. Für mich war der Abenteuerspielplatz allerdings ein beunruhigendes Paralleluniversum, aus dem ich so schnell wie möglich wieder wegwollte. Um eine unbeeindruckte Haltung bemüht, trottete ich mit meinem damalig besten Kumpel Cruz hinter dem Pappen-Profi her und kam mir total verboten vor. Es war aufregend, aber auch beunruhigend. Ich war froh, als der Handel mit dem, was der Verkäufer als »Fat-Freds« bezeichnete, endlich abgeschlossen war und wir wieder auf dem Heimweg waren.

Zurück am Roseneck, fand ich unsere Ausbeute dann ziemlich unspektakulär. Mit dem Kauf hatten wir ein paar ölige Schnipsel Löschpapier in unseren Besitz gebracht, auf denen ein fetter, orangener Kater abgebildet war. Meine Enttäuschung wurde mit der vielversprechenden Info weggewischt, dass die Teile »doppelt beträufelt« seien. Wie auch immer. Den Anweisungen meiner Kumpels folgend, hab ich mir ein halbes Blättchen auf die Zunge gepackt und gewartet, bis es sich aufgelöst hatte. Und dann … geschah nichts. Wir saßen auf der Parkbank, und meine Laune sank mit jeder Minute, die verstrich, ohne dass auch nur der Anflug von bunten Bildern oder sonstigen Halluzinationen, die man bei LSD erwartet, durch meinen Kopf rauschte. Meine Freunde meinten, ich solle nicht so ungeduldig sein, abwarten und mich entspannen. Aber ich konnte nicht. Stattdessen fing ich irgendwann an, mit meinem linken Bein wie mit einem Taktstock zu wippen. Zunächst fiel mir das gar nicht auf. Erst als Cruz meinte, ich solle mal mit dem Gezappel aufhören, wurde mir klar, dass das irgendwie nervte. Allerdings wurde mir auch klar, dass ich nicht mehr damit aufhören konnte. Das ging einfach nicht. Ich hatte keine Kontrolle über meinen Bewegungsapparat und konnte das Bein partout nicht stillhalten. Nach einer Weile machte mich das aggressiv. Irgendwann sprang ich auf und rief: »Scheiße, mein Körper macht, was er will.«

Dann kam der nächste Schock. Ich sah meine Kumpels an und dachte, ich fahr Geisterbahn. Ihre Gesichter verliefen wie Wachs, die Augen quollen ihnen aus dem Kopf, die Körper beulten sich aus, als würden Geschwüre unter ihrer Haut

hin und her wandern. Das waren Zombies. Wie im Horror-
film. Dann kam zu allem Überfluss auch noch die Freundin
eines der Zombies vorbei und machte einen blöden Spruch
über meinen Zustand. Aggressiv und paranoid, wie ich war,
hab ich mich echt bedroht gefühlt von der Alten. Und weil
ich seit dem Erpressungsversuch in der Schule immer ein
kleines Klappmesser bei mir hatte, zückte ich es und ging auf
sie los. Cruz reagierte blitzschnell, packte mich und zog
mich von der Gruppe weg. Dann flüsterte er mir ins Ohr:
»Los, lass uns abhauen.«

Ein guter Vorschlag. Ich musste weg von diesen Leuten.
Weit weg. Wir rannten, als wäre der Teufel hinter uns her. Bis
zur Nahariyastraße, einer Tempo-30-Zone in Lichtenrade,
wo wir uns im Schneidersitz mitten auf die Fahrbahn setzten, um zu verschnaufen. Auch keine gute Idee. Sobald wir
saßen, sah ich am Straßenrand überall Katzen auftauchen,
die zerplatzten. Eine nach der anderen kroch aus dem Nichts
und zerfetzte in der Luft, dass die Gedärme nur so durch die
Gegend spritzten. Es war grauenhaft. Obwohl ich eben noch
hyperaktiv war, war ich jetzt auf einmal fluchtunfähig. Ich
saß wie auf die Straße getackert und war nicht mehr in der
Lage aufzustehen. Wäre ein Auto gekommen, hätte es um
uns herumfahren müssen.

Als es dämmerte, verlor sich das Katzenmassaker allmählich in der Dunkelheit, und ein riesiger Vollmond zog über
der Nahariyastraße auf. Für mich sah er aus wie Micky
Maus. Für Cruz komischerweise auch. Wir fanden das me-
galustig und saßen gefühlte Stunden auf der Straße und haben den Mond angegackert. Irgendwann wurde aber auch
das gruselig, weil es nicht mehr aufhörte. Das Krasse bei LSD
ist, dass man den Körper nicht mehr steuern kann und ewig
braucht, um von jeder Form von Gemütszustand wieder

runterzukommen. Ich hatte zwischendurch echt Angst, dass ich auf dem Zeug klatschen bleibe. Irgendwann schafften wir es aber doch, aufzustehen. Danach mochte ich mich nicht mehr hinsetzen aus Angst, ich könnte wieder bewegungsunfähig hocken bleiben. Also sind wir ziellos draußen herumgetigert in der Hoffnung, dass der Körper sich mit Hilfe von Bewegung des LSDs entledigt. Er hat das Stück für Stück geschafft. Wenn auch sehr langsam. Wir sind dann zu Cruz nach Hause gegangen. Er wohnte in einer WG in der John-Locke-Straße. Dort haben wir einen Joint geraucht, der mich wieder etwas runtergebracht hat. Obwohl wir gar nichts voneinander wollten, haben wir kurz rumgeknutscht. Sehr kurz. Als ich die Augen öffnete, sah ich, dass auch Cruz' Gesicht wie die Monsterfratzen auf der Parkbank zerfloss. Danach war ich zu keinem Kuss mehr fähig. Insgesamt hat es 22 Stunden gedauert, bis nichts mehr floss, platzte oder wackelte. Das hat gereicht. Seitdem lasse ich die Finger von LSD. Wenn ich Micky Maus sehen will, fahre ich lieber nach Disneyland.

6. Februar 2010 –
Der ohrenbetäubende Moment

Als ich das erste Mal aus der Narkose erwache, muss ich als Allererstes kotzen. Nur dafür scheinen sich Geist und Körper aus einer bleischweren Mischung aus Benommenheit, Schwindel und einem abartigen Druckschmerz auf meinen Schädel erhoben zu haben. Meine Mutter ist da und hält mir den Spucknapf. Ich kann sie nicht richtig erkennen, sehe nur verschwommen ihren Umriss. Aber ich höre, wie sie mir gut zuredet. Ihre Stimme, diese vertraute, besänftigende Stimme ist total gegenwärtig. Sie wirkt wie ein Beruhigungsmittel. Als der Brechreiz nachlässt, sacke ich sofort zurück ins Kissen und schließe die Augen. Ich kann nichts sagen, nichts denken, aber für einen kurzen, ohrenbetäubenden Moment werde ich von einer Flut akustischer Informationen überschwemmt. Von überall her höre ich das mechanische Pusten von Beatmungsmaschinen, ich höre gedämpfte Gespräche in der Ferne, ich höre die Stimme meiner Mutter, die neben mir irgendwas von Blicken in den Spiegel und »Alles gut gelaufen« erzählt, ich höre aus nächster Nähe das fröhliche Klimpern von Salsa-Musik, ich höre … Der Moment ist vorbei. Ein gleißendes, fiependes Kreischen übertönt plötzlich alles. Oder ist das gar kein Kreischen, sondern nur der Schmerz in meinem Kopf? Ein Schmerz, der sich in ein Geräusch verwandelt hat? Die Frage bleibt unbeantwortet. Ich werde ohnmächtig.

Satans Gehilfin
schlägt wieder zu

Durch die Freundschaft zu Cruz kam es zu einem erneuten Bruch mit meiner Mutter. Unser Zerwürfnis war einerseits unverschuldet und andererseits mutwillig. Cruz war ein lieber, netter Kerl, und wir konnten über Gott und die Welt reden. Ein wesentliches Detail seiner Persönlichkeit hatte er mir aber immer verschwiegen. Er war notorischer Kleptomane. In der WG, in der er mit seinem Bruder und einem Kumpel wohnte, wusste man davon – nicht zuletzt deshalb, weil er sogar seinen eigenen Bruder bestohlen hatte –, aber mir sagte es niemand. Und da es bei mir nichts zu klauen gab, gab es keine Gelegenheit, in der ich Verdacht hätte schöpfen können. Zumindest nicht, bis Cruz einmal bei mir übernachtete. Meine Mutter war mit Ramona in den Urlaub gefahren, und ich hatte unsere Wohnung eine Woche lang für mich alleine. In diesen Tagen erzählte Cruz, dass er Stress mit seinem Bruder hatte. Wegen einer Diebstahlgeschichte, wie ich später erfuhr. Cruz meinte aber zunächst nur, dass er nicht in die WG wollte und ob er bei mir pennen könne. Meine Mutter hatte mir verboten, fremde Leute in die Wohnung zu bringen, aber hey: Cruz war ein Kumpel, und Verbote waren in diesem Lebensabschnitt sowieso nur dazu da, gebrochen zu werden. Ich hab sofort ja gesagt.

Arglos, wie ich war, hab ich ihn auf die Couch verfrachtet und selbst in meinem Zimmer gepennt. Ich bin gar nicht auf die Idee gekommen, dass es in unserer Wohnung Wertsachen gab. Und im Leben hätte ich nicht damit gerechnet, dass mein Kumpel sie zocken würde. Die nagelneue Spiegelreflexkamera, die meine Mutter vor kurzem gekauft hatte, lag unausgepackt und unbewacht die ganze Nacht in der Küche herum. Während ich schlief, erregte sie Cruz' Aufmerksamkeit und fand den Weg in seinen Rucksack. Er hat das später zugegeben, deshalb kann ich es mit dieser Gewissheit sagen. Damals fiel es mir zunächst gar nicht auf. Erst als meine Mutter aus dem Urlaub zurück war und unweigerlich die Frage »Alex, wo ist eigentlich meine Kamera?« kam, fiel mir das Thema vor die Füße. Anfangs wusste ich nicht, wovon sie sprach, dann musste ich sie überzeugen, dass ich das Ding nicht selbst genommen hatte, dann musste ich zugeben, dass ich einen Fremden in die Wohnung mitgebracht hatte. Das Ende vom Lied war, dass meine Mutter meinte: »Ich möchte die Kamera wiederhaben.« Das konnte ich akzeptieren. Was ich nicht akzeptieren konnte, war das Ultimatum, das sie hinterherschob: »Entweder ich bekomme die Kamera zurück oder du trennst dich von diesem Freundeskreis.«

Trotzig, wie ich war, ließ ich mich darauf nicht ein und hab auf bockig geschaltet – mit dem Erfolg, dass meine Mutter mich mehr oder weniger rausschmiss. Mein nächster Weg führte in die John-Locke-WG, wo ich nicht nur erst mal Asyl bekam, sondern kurz darauf auch von Cruz' kleptomanischer Ader erfuhr. Wenig später gab er auch zu, dass er die Kamera bereits verkauft hatte. Wir haben uns deswegen so lange gezofft, bis ich wutentbrannt aus der Wohnung stürmte und erneut auf der Straße stand. Mist! Was nun? Um nach Hause zu gehen und vor meiner Mutter zu Kreuze zu kriechen, war ich zu stolz, und um in die Kleptomanen-Höhle zurückzugehen, war ich zu sauer. Eine Zeit des Vagabundierens brach an. In der einen Nacht nahm mich der erste Kumpel auf, in der nächsten Nacht ein anderer. Auf der Straße schlafen musste ich zum Glück nie, aber manchmal wusste ich abends um halb zehn noch nicht genau, wo ich in der Nacht unterkriechen würde – bis sich wieder irgendjemand meiner erbarmte. Für vier Wochen ging ich sogar zu meiner großen Schwester, die ihre rechtsradikale Phase hinter sich hatte und wieder in Neukölln lebte. Nach einem Monat hatte sie die Schnauze voll von mir und meinte, ich solle endlich verschwinden und mir eine eigene Bleibe suchen. Ich muss so bedröppelt geguckt haben, dass ihr Freund Kulle Mitleid bekam und mir heimlich zuflüsterte: »Dann kommst du eben zu mir.«

So wurde mein nächstes Domizil Kulles Couch. Er war auch Kiffer, und wir verstanden uns allein deshalb gut, weil wir wunderbar zusammen Bong rauchen und rumgammeln konnten. Weil Kulle der Hobbydealer seines Bekanntenkreises war, saßen wir drogentechnisch nie auf dem Trockenen und konnten zum Einkaufspreis sumpfen. Den Sommer 99 habe ich als einen einzigen Rausch aus Kiffdunst und brütender Hitze in Erinnerung. Es war der pure Müßiggang. Die Schule hatte ich abgehakt, konkrete Pläne gab es keine, und nach dem Bruch mit meiner Mutter hatte ich auch jegliches Verpflichtungsgefühl über Bord geworfen. So hing ich in abgeschnittenen kurzen Hosen und weiten Schlabbertops in Kulles Wohnung herum, hangelte mich vom Kühlschrank zur Couch zur Fernbedienung und wieder zurück und war ein wandelndes Energievakuum. Leer, leer, völlig leer. Aber eines Tages riss mich das Schrillen der Türklingel aus meiner Lethargie. Es kam eigentlich nie Besuch, deshalb erschrak ich ein bisschen. Das Einzige, was ich gewohnt war, war das Umdrehen des Schlüssels im Schloss, wenn Kulle nach Hause kam, nachdem er bei meiner Schwester übernachtet hatte.

Ich sah ihn fragend an, doch er blieb entspannt und meinte, ich soll aufmachen. Das tat ich – und stand im nächsten Augenblick Nina gegenüber. Ich werde nie vergessen, wie meiner Schwester die Klappe runterfiel, als sie mich sah. Erst war sie einfach nur verblüfft, dann scannte sie in Sekundenschnelle meine abgeschnittene Hose und mein Schlabbertop und fing im nächsten Moment an zu toben: »Du Schlampe! Du Flittchen! Du Nutte! Du hast meinen Freund gefickt!«

Wie ein Stoßfeuer ballerte sie mir die wüstesten Beschimpfungen vor den Latz, ohne dass ich auch nur die Chance gehabt hätte, mich zu rechtfertigen. Dann polterte Nina wie eine Furie zur Nachbarwohnung, in der ihre Freundin Jeanette lebte, und klingelte Sturm. Kurz darauf knallte die Tür, und das Stoßfeuer war vorüber. Ich blieb perplex zurück. Aber auch hellwach. Im Eiltempo zog ich mir etwas über und klingelte meinerseits bei Jeanette. Es war mir wichtig klarzustellen, dass ich nichts Falsches getan hatte. Dass ich nur auf der Couch pennte, dass nichts lief zwischen Kulle und mir und dass ich ohne seine Hilfe auf der Straße gesessen hätte. Ich musste lange klingeln, bis sich die Tür öffnete. Als sie schließlich doch aufging, erschien Nina im Türrahmen und spuckte mir ins Gesicht. Sofort war all meine Bereitschaft zur Beschwichtigung wie weggeblasen. Alte Gefühle kamen wieder hoch, die Erinnerungen an Zeiten, in denen ich wehrlos den sadistischen Spielchen von Bodo und meiner Schwester ausgeliefert war. Alles kam wieder hoch: die Verletzung, die Wehrlosigkeit, der Hass. Von einem Moment auf den nächsten verkeilten wir uns in einer heftigen Prügelei. Wir flogen durch den Flur und knallten einander gegen die Wände, dass die Mauern wackelten. Ein Schlag fand den nächsten, eine Faust die andere, und unsere Aggression wuchs mit jeder Schelle, die wir verpasst bekamen oder austeilten. Am Ende war es wie früher. Ich unterlag. Nina schmiss mich auf den Boden, kniete sich auf mich, nahm in blinder Wut meinen Kopf zwischen beide Hände und drehte ihn. Beziehungsweise überdrehte ihn. Meine eigene Schwester thronte über mir wie eine Kampfmaschine und versuchte, mir das Genick zu brechen. Erst als mein Hals einmal ganz krass knackte, ließ sie von mir ab – sei es, weil sie Angst vor ihrer eigenen Gewalttätigkeit bekam oder weil sie meinte, ihr Werk vollendet zu haben. Letzteres war zum Glück nicht der Fall. Ich lebte noch. Unmittelbar nach dem Knacken musste ich mich übergeben, bald darauf wurde ich in die Notaufnahme gefahren. Ich kam mit einer Halskrause wieder heraus, die ich zwei Wochen lang tragen musste. Satans Gehilfin hatte mal wieder ganze Arbeit geleistet. Und ich war ihr ein weiteres Mal knapp entkommen. Für meine Begriffe etwas zu knapp. Würde dieser Teufelskreis denn nie aufhören? Diese Frage hämmerte wie ein Mantra durch mein Hirn. Warum kriege ich immer auf die Fresse? Eine Antwort hatte ich nicht. Nur die Gewissheit, dass das Hämmern mit Hilfe von Drogen etwas leiser wurde.

7. Februar 2010 –
Ein Strauß Chrysanthemen

Als ich das nächste Mal zu mir komme, steigt mir ein lieblicher Duft in die Nase. Ich kann ihn nicht sofort einordnen, aber irgendwie riecht er vertraut. Die Salsa-Musik von vorhin ist verstummt, die gedämpften Gespräche ebenfalls, meine Mutter ist auch weg. Nur das Pusten der Beatmungsgeräte ist noch da. Und der Schmerz. Auf einmal höre ich neben mir eine männliche Stimme.

»Na, auch mal wieder wach?«

Ich versuche, mich aufzurichten, aber schaffe es nicht. Dann wenigstens antworten! Ebenfalls Fehlanzeige. Ich bekomme nur ein mattes Stöhnen heraus.

»Schön ruhig liegen bleiben«, sagt die Stimme. »Für Marathonläufe ist es noch ein bisschen früh.«

Marathonläufe? Was soll das sein? Ich spüre, wie schon wieder Übelkeit in mir hochsteigt. Ist das meine Zukunft? Nur noch aufwachen, um zu kotzen? Zum Glück kapiert der Typ, dem die Stimme gehört, rechtzeitig, was los ist. Diesmal hält er mir den Spucknapf. Mir ist das unangenehm, doch er redet die Scham locker weg.

»Das ist normal nach neun Stunden Operation«, sagt er.

Neun Stunden?

»Nach so einer Tortur darf man dem Körper nicht übelnehmen, wenn er sich erst mal auskotzt, oder? Auf jeden Fall gut, dass Sie wach sind, das ist ein Zeichen, dass wieder Leben in die Bude kommt. Für den Rest sorgen schon wir Pfleger.«

Ein Pfleger, okay. An den weißen Klamotten, die er laut meiner nach wie vor verschwommenen Wahrnehmung trägt, hätte ich es mir eigentlich denken können. Aber mein Verstand arbeitet noch in Zeitlupe. Als hätte er meine Gedanken gelesen, sagt der Pfleger: »Mit Gucken ist noch nicht so doll, oder? Das wird wieder. Der Tumor hat auch auf den Sehnerv gedrückt.«

Wem sagt er das? In der letzten Woche vor der OP konnte ich auf dem rechten Auge fast gar nichts mehr sehen. Dagegen ist sogar verschwommen ein Fortschritt.

»Fertig?«

Das bezieht sich wohl auf mein Erbrechen. Ich versuche ein Nicken. Noch einmal beugt sich der Pfleger zu mir runter und sagt: »Gut. Und wenn die Medikamente nachlassen und die Schmerzen stärker werden, immer schnell Bescheid geben. Dann komm ich rum und verpasse Ihnen eine neue Dröhnung. Die Klingel liegt auf dem Tisch neben den Blumen.«

Damit verschwindet er. Blumen, na klar. Daher kommt der vertraute Duft. Als ich vorsichtig den Kopf Richtung Nachttisch wende, erkenne ich einen leuchtenden Farbklecks aus Grün und Rosa. Pinke Chrysanthemen. Omas Lieblingsblumen. Der Gedanke, dass sich meine Großmutter ins Krankenhaus geschleppt hat, um mich zu besuchen, rührt mich. Sie ist selbst krank, leidet an einer schweren Leberzirrhose. Trotzdem war sie hier, um mir einen Strauß zu bringen. Diese Geste gibt mir viel Kraft. Gleichzeitig hab ich ein schlechtes Gewissen, weil ich ihren Besuch verpennt hab. Doch Oma weiß sicher, dass die Farben und der Duft der Chrysanthemen zu mir sprechen. Sie kennt mich. Nicht umsonst war sie es, die meinen Kopf damals aus der Schlinge des Drogensumpfes rausgezogen hat.

Der Niedergang des Jahrtausends

Ich weiß nicht, ob Jeanette, die die Prügelei mit meiner Schwester mit angesehen hatte, Mitleid mit mir hatte oder ob sie sich schuldig fühlte. Jedenfalls bot sie mir nach der ärztlichen Versorgung meines Halses an, dass ich vorerst bei ihr wohnen könnte. Ich muss zugeben, dass ich kurz gezögert habe. Jeanettes Wohnung war ein ganz schönes Dreckloch. Weil sie nie lüftete, stank es wie die Hölle, sauber machte sie sowieso nicht, und wenn sie es nicht schaffte, mit ihrem Hund Gassi zu gehen, kackte der eben in den Flur. Andererseits wollte ich nicht zurück zu Kulle, weil dann weiterer Stress vorprogrammiert gewesen wäre. Eine Rückkehr nach Lichtenrade kam ebenso wenig in Frage. Nach einer »Bedenkzeit« von zehn Minuten nahm ich Jeanettes Angebot an. Damit hatten sich zwei blinde Hühner gesucht und gefunden. Sie hatte keinen Job, ich hatte keinen Job. Sie war in Partylaune, ich war in Partylaune. Sie war den Drogen zugeneigt, ich war es auch. Dementsprechend sind wir krass durchgedreht. Jeanette war ab sofort Dauergast bei Kulle, wo sie – immer noch zum Einkaufspreis, versteht sich – Gras und Dope für uns besorgte. Bezahlt wurde entweder mit ihrem Arbeitslosengeld oder mit dem Kindergeld, das ich mir mittlerweile von meiner Mutter überweisen ließ. Schnell kamen chemische Drogen wie Speed und Ecstasy dazu. Das war die Zeit damals. Die Love Parade war auf ihrem kommerziellen Höhepunkt, und Techno war Mainstream geworden. Die Berliner Partyszene hatte sich mit *Ostgut*, *E-Werk* und *Bunker* ihre eigenen Denkmäler gesetzt. Jeanette und ich wurden Stammgäste im *Tresor*. Der Club war typisch für die Zeit. Er war damals noch an der Leipziger Straße in einem historischen Bankgebäude untergebracht, das zu DDR-Zeiten verrottet war und inzwischen abgerissen ist. Auf dem riesigen Parkplatz davor hingen alle möglichen dubiosen Gestalten in ihren Autos ab und glühten für eine wilde Techno-Nacht vor. Auch im Laden selbst tummelte sich eine interessante Mischung von Leuten: Touris, Berliner Partyvolk und eine ganze Menge asiatische Transen, die immer gegen Frauen stänkerten. Ansonsten wurde auf zwei Etagen Elektro gespielt. Wir waren meist auf der großen Tanzfläche im Hauptraum. Von der Hardcore-Mucke und dem Stroboskop-Geflacker im Keller wurde mir immer schlecht. Wenn ich es rückblickend betrachte, passte die unwirkliche Atmosphäre da unten aber gut zu dieser Phase meines Lebens. Es kommt mir vor, als hätten wir den kompletten Herbst 99 im *Tresor* verbracht. Aber das heißt nicht viel. Ich hab so viel rumgesumpft, dass mir diese Zeit wie ein klebriger Brei aus Taubheit, Rauschzuständen und gelegentlichen Katergefühlen vorkommt, die sofort in den nächsten Rausch mündeten. Ich konnte mich teilweise am nächsten Tag nicht mehr an die Erlebnisse des Vortages erinnern. Und das, obwohl es wirklich nicht viel zu erinnern gab. Pillen reinpfeifen und die Nächte durchtanzen. Viel mehr passierte ja nicht. Es war sprichwörtlich der Niedergang des Jahrtausends. Das Millennium sollte sein Tiefpunkt werden.

Für Silvester hatten Jeanette und ich große Pläne. Nicht dass sie sich großartig von unseren sonstigen Aktivitäten unterschieden hätten. Aber neben den Zutaten Pillen, Tanzen und *Tresor* haben wir uns zur Feier des Tages eine Mikro gegönnt. Nach den platzenden Katzen in der Nahariyastra-ße hatte ich LSD zwar eigentlich abgeschworen, aber da es in diesem Fall nicht in Pappenform, sondern im vertrauten Pillenformat daherkam, machte ich eine Ausnahme. Schließlich war das hier nicht irgendein Silvester. Das war die Jahrtausendwende. Man wusste also nicht genau, ob man den Neujahrsmorgen überhaupt noch erleben konnte oder ob um Mitternacht die Computer der Welt abschmieren und der Erdball ihnen nachfolgen würde. Mit derart existenzieller Feierlichkeit und einer Mikro in der Birne schritten wir zum *Tresor*. Man kann wirklich von Schreiten sprechen, denn ich hatte in dieser Nacht zum ersten Mal meine silbernen Glitzer-Buffalos an. Für einen glänzenden Auftritt, der leider nur zehn Minuten dauerte.

Wir hatten wie üblich gerade genug Geld dabei, um den Eintritt zu bezahlen, der in dieser Nacht teurer war als gewöhnlich. Demzufolge waren wir ganz begeistert, als vor dem Club ein Typ stand, der schwarz ein paar Eintrittsbändchen für 18 statt für 20 Mark verkaufte. Bei uns zählte jeder Pfennig, also schlugen wir sofort zu. Ganz schön dämlich, muss ich im Nachhinein sagen. Denn natürlich waren die Teile Fälschungen. Und natürlich wurden wir vom Türsteher trotz leidenschaftlicher Diskussionen nicht reingelassen. Und natürlich war der Schwarzhändler zu diesem Zeitpunkt bereits über alle Berge. Ende der Geschichte. Wir waren raus. Das Einzige, was uns geblieben war, waren vier Mark, die nicht mal mehr für eine Flasche Sekt gereicht hätten. Ich bin total ausgeflippt. Eine Stunde vor Beginn des neuen Jahrtausends stand ich mit wutrotem Kopf auf dem Potsdamer Platz und hab so lange das »Scheiß-Millennium« und das »Kack-Silvester« verwünscht, bis ich heiser war vom vielen Fluchen. Danach haben wir den Heimweg angetreten. Zu

Fuß! Für eine U-Bahn-Karte reichte das Geld nämlich auch nicht mehr. Statt zu tanzen, bin ich mit meinen silbernen Buffalos zwei Stunden durch die Stadt gelatscht. Den Jahreswechsel haben wir irgendwo im Niemandsland zwischen Potsdamer Platz und Neukölln erlebt. Ganz ehrlich: Wäre die Welt untergegangen, es wäre mir nur recht gewesen. Mann, war das eine deprimierende Nacht. Da half auch nicht, dass wir vollgedröhnt waren bis unters Dach. Als wir endlich zu Hause waren, haben wir noch bis zum Morgengrauen weitergesumpft, aber Feierstimmung kam nicht mehr auf. Irgendwann sah ich mich auf dem Weg vom Klo zur Couch selbst im Spiegel. Ich war abgemagert. Ich hatte Beulen an den Beinen, mein ganzer Körper war von undefinierbaren juckenden Pusteln übersät, und mein Gesicht war von den Drogen total aufgequollen. Mit anderen Worten: Es war ein Wrack, das mir aus dem Spiegel entgegenblickte. Das knappe halbe Jahr, in dem ich kaum etwas anderes getan hatte, als Drogen zu nehmen und mich gehen zu lassen, hatte tiefe Spuren hinterlassen. Ich war fertig. Und ich spürte, dass es so nicht weitergehen konnte.

Irgendwann wurde mir klar, dass das beschissene Millennium-Silvester tatsächlich meine Rettung war. Es hat mir gezeigt, wie schmal die Grenze zwischen schönem Schein und trauriger Realität war. Danach dauerte es noch eine oder zwei Wochen, bis ich aus Jeanettes Drecksbude flüchten konnte. Die einzige Person, an die ich mich in meinem fertigen Zustand zu wenden wagte, war meine Oma. Sie hatte sich inzwischen von ihrem Mann getrennt und lebte alleine. Darum hoffte ich, dass sie Platz für mich hatte. Ich nahm all meinen Mut zusammen und klingelte bei ihr. Wie schlimm es um mich stand, führte mir der Moment vor Augen, in dem sie die Tür öffnete. Mehrere Sekunden sah sie mich an wie eine Fremde. Meine eigene Oma erkannte die spindeldürre Person, die mit ihren 50 Kilo, ihren Pickeln und ihren drogenbedingten Aufschwemmungen im Gesicht auf der Fußmatte stand, nicht als ihre Enkelin. Erst als ich anfing zu sprechen, stammelte sie sichtlich bestürzt: »Alex, bist du's?«

Ich weiß noch genau, dass ich folgenden Satz zu ihr gesagt habe: »Oma, du musst mir helfen, sonst sterb ich oder lande in der Gosse.«

Das klingt melodramatisch, aber es war die Wahrheit. Oma hat's auch so gesehen. Sie hat mich sofort in die Wohnung gezogen und einen Satz gesagt, der mir in seiner gnadenlosen Hellsichtigkeit ewig im Gedächtnis bleiben wird: »Komm bloß rein, Kind, jetzt machen wir erst mal einen Entzug.«

Genau das ist passiert. Ohne professionelle Hilfe und ohne Medikamente hat meine Großmutter mit mir einen Entzug gemacht. Vorher begutachtete sie noch meine juckenden Pusteln. Ich hatte aus Jeanettes Rummelbude tatsächlich einen Floh mitgebracht. Das hieß, dass wir erst mal Omas komplette Wohnung desinfizieren, sämtliche Textilien abkochen und mich selbst zwei Stunden lang in die Badewanne stecken mussten. Für mich war das wie eine äußerliche Grundreinigung, der in den folgenden Wochen eine innerliche folgte. Ich habe eimerweise Wasser geschwitzt in diesen Wochen. Nachts mussten wir manchmal zwei- oder dreimal das Bettzeug wechseln, weil es komplett durchnässt war. Ich hatte Schüttelfrost und fror trotz aufgedrehter Heizung, ich hatte Muskelkater, obwohl ich mich kaum bewegte, ich hatte Wahnvorstellungen, auch ohne Drogen genommen zu haben. Anfangs wurde mir vor jeder Mahlzeit schlecht, doch Oma bestand darauf, dass ich etwas esse. Zum Glück war ich viel zu demütig und zu kraftlos, um zu rebellieren. So sah ich nach drei Monaten wieder einigermaßen gesund aus. Das aufgedunsene Gesicht war abgeschwollen, dafür hatte ich wieder ein bisschen Fleisch auf den Hüften, und auch meine Haut hatte ihre alte Farbe und Glätte zurückerlangt. Eines Tages saßen wir beim Frühstück, und Oma sah mich eine Weile grinsend an. Als ich fragte, was los sei, meinte sie: »Du siehst wieder ganz proper aus. Ich würde sagen, du bist reif für eine neue Frisur.«

Wieder hatte sie recht. Meine Haare reichten zu dem Zeitpunkt bis zur Schulter, aber sie waren dünn, strohig und kaputt. Beim Friseur gab's den bewährten Kurzhaarschnitt und eine knallrote Färbung. Ich fühlte mich wie ein neuer Mensch. Es war das erste Mal seit Monaten, dass ich wieder etwas für mein Aussehen tat. So etwas war vorher kein Thema mehr gewesen. Friseurbesuche, Haartönungen, Schminke, Klamotten – das waren alles Dinge, die Geld kosteten, das Jeanette und ich für Drogen ausgegeben hatten. Die silbernen Buffalos waren eine absolute Ausnahmeinvestition gewesen. Die hatte ich unbedingt haben wollen, weil ich sie so schön fand. Ansonsten hatten wir kaum Gedanken darauf verschwendet, wie wir aussahen. Wir wollten niemandem gefallen. Wir wollten auch niemanden kennenlernen oder gar Kerle beeindrucken. Das Einzige, was wir wollten, war druff sein und tanzen. Als ich nach dem Friseurbesuch das erste Mal in den Spiegel sah und merkte, dass mir gefiel, was ich sah, wurde mir klar, dass ich in den letzten Monaten vor allem eines aus den Augen verloren hatte: meine Selbstachtung. Jetzt war ich fest entschlossen, sie zurückzuerobern. Allerdings musste ich vorher noch an zwei Männern vorbei, die genau das verhindern wollten.

10. Februar 2010 –
Ein kurzer Besuch

Es wird wieder. Zwar sind die Schmerzen noch immer brutal, und ich bin durch die Morphine, die ich bekomme, einigermaßen zugedröhnt, aber die Kotzerei ist vorbei, das Gucken geht besser, und ich bin länger als fünf Minuten aufnahmefähig. In den letzten Tagen haben sich die verschwommenen Eindrücke der ersten kurzen Wachphasen wie ein Puzzle zu einem großen Ganzen zusammengefügt. Ich liege in einem Sechserzimmer. Die Betten sind durch Vorhänge voneinander abgeschirmt, aber man kriegt trotzdem alles mit. Die Salsa-Musik vom ersten Abend kommt von nebenan. Dort liegt eine Komapatientin, die von der Tram überfahren wurde. Sie stammt aus Brasilien und ist Salsa-Tänzerin. Ihre Angehörigen spielen ihr auf dem Tablet Musik vor in der Hoffnung, dass sie in ihr Bewusstsein vordringt und zum Erwachen beiträgt. Dass ich meine Oma nicht getroffen habe, liegt auch daran, dass sie schnell wieder gegangen ist und gar nicht versucht hat, mich zu wecken. Sie hat meiner Mutter erzählt, dass mein Anblick sie zu sehr schockiert hat. Tatsächlich muss er deutlich krasser sein als mein Drogen-Face nach der Jahrtausendwende. Meine Mutter hat mir vorerst verboten, in den Spiegel zu sehen. Sie meint, ich soll warten, bis die Schwellung zurückgegangen ist und die Schläuche gezogen sind. Vier Stück davon verlaufen unter meiner Kopfhaut. Ich hab mal vorsichtig getastet:

Einer sitzt am Hinterkopf, zwei sind an der rechten Schädelhälfte, einer reicht bis auf die rechte Stirnseite. Die Schläuche führen Blut und Wundflüssigkeit ab und sind für den Druckschmerz verantwortlich, der jede Bewegung zur Zerreißprobe macht. Freitag sollen sie rauskommen.

Vielleicht kann ich sogar schon nach dem Wochenende nach Hause. Eigentlich finde ich das gut, aber ich kann mich doch nicht drauf freuen. Gestern kam mein Freund ins Krankenhaus. Der Besuch hat die Zweifel, die ich schon vor der OP an ihm hatte, erhärtet. Als ich durch den Vorhang seine Stimme hörte und mitbekam, wie die Schwester ihn zu meinem Bett führte, hab ich mich zunächst gefreut. Doch dann wurde der Vorhang aufgezogen. Die Sekunde danach hab ich wie eine Zeitlupe in Erinnerung. Wir standen uns Auge in Auge gegenüber, und ich konnte zusehen, wie seine Gesichtszüge entgleisten. Er hat die Stirn krausgezogen, die Hand vor den Mund geschlagen und angewidert die Augen zusammengekniffen. In seinem Blick hab ich nichts als Abscheu und Ekel gesehen. Keine Liebe, nicht mal Mitleid. Dieser Mangel an Taktgefühl hat mich total erschüttert. Wenn ich an meinen Zustand denke, ist mir fast unerklärlich, dass ich tatsächlich rumgeschrien habe. Vielleicht nicht ganz so wild wie damals bei den Studenten, aber doch laut und deutlich.

»Verschwinde, wenn du nicht mal hier im Krankenhaus Respekt zeigen kannst«, hab ich gebrüllt. Bei diesen Worten huschte ein Hauch von Betroffenheit über sein Gesicht. Wahrscheinlich tat er sich selbst leid, weil er so angefahren wurde. Eine Entschuldigung kam nicht. Anstalten zu gehen machte er aber genauso wenig. Ich musste deutlicher werden.

»Hörst du schwer? Hau ab! Ich will dich hier nicht noch mal sehen«, hab ich nachgesteuert.

Danach hat er sich verzogen. Die Schwester kam aufgeregt angerannt und wollte wissen, was passiert sei. Ich konnt's nicht erklären, aber hab ihr gesagt, falls der Typ noch mal auftauchen sollte, soll sie ihn nicht wieder zu meinem Bett vorlassen. Sie hat versprochen, es an ihre Kollegen weiterzugeben. Seitdem kreisen meine Gedanken um die Frage, warum ich bei Männern immer an Arschlöcher gerate. Ist das genetisch? Seit ich Beziehungen habe, hab ich treffsicher all die Pannen nachgespielt, über die ich früher bei meiner Mutter den Kopf geschüttelt habe. Und ich hab die gleichen Fehler gemacht. Wenn's um Kerle geht, ist bei mir der Wurm drin. Das war von Anfang an so.

Mechanismen der Gewalt

Meinen ersten Freund hatte ich mit 15. Was mein Umfeld betraf, war ich verhältnismäßig spät dran. Während sich andere Mädchen in der Schule schon mit 13 für die Jungs schminkten und auftussten, hab ich lieber mit ihnen Basketball oder Fußball gespielt. Ich war schon als Kind nie das typische Mädchen, das sich für Pferde interessierte und seine Barbies kämmte. Ich habe den Barbies meiner Schwester immer die Füße angekokelt und die Haare abgeschnitten. Einmal bin ich auch mit dem Skateboard über eine drübergefahren und hab ihr die Brüste abgesäbelt. Das gab richtig Ärger. Ich fand Matchbox-Autos und He-Man-Figuren toll, hab die Superhelden aus den Marvel-Comics verehrt, in meinem Zimmer hingen Poster vom FC Bayern und von den San Francisco 49ers, und ich trieb immer viel Sport. Dass ich mich wie ein Junge benahm, war vielleicht so eine Art Ausgleich dafür, dass sich meine Mutter immer einen Jungen gewünscht hatte.

In der Pubertät fingen die ersten Zweifel an. Wenn ich auf dem Skateboard mit meinem weiten Michael-Jordan-T-Shirt und den kurzen bunten Haaren an den Schmink-Tussis vorbeifuhr, machte ich mir schon Gedanken, warum wir so partout nicht zueinander passten. Als ich 14 war, wurde ich zu einer Pyjamaparty eingeladen, zu der nur Mädchen kamen. Dort wurde nachts die ganze Zeit mit Taschenlampen herumgeleuchtet. Dabei fiel einer Pyjamatante auf, dass meine

Beine nicht rasiert waren. Ich selbst hatte über die kaum sichtbaren blonden Härchen an meinen Beinen nie nachgedacht, aber jetzt sah ich mich einem Chor von »Iiiihh, guck mal, die hat Haare anne Beine!«-Schreien ausgesetzt, die klangen, als hätte ich ein Kapitalverbrechen begangen. Das hat mich dann schon beschäftigt. Sogar so sehr, dass ich bald darauf doch mit dem Rasieren anfing. Auch meine eigentlich ganz erfolgreiche Mitgliedschaft im Schwimmverein gab ich irgendwann auf, weil mein Kreuz immer breiter wurde, was ich unweiblich fand. Wenig später kam ein bisschen Wimperntusche dazu. Und Eyeliner. Und mit 15 eben auch der erste Freund.

Er war ein Klassenkamerad aus der Evangelischen Schule und hieß Bennie. Eigentlich war er ein totaler Milchbubi – Unschuldsmiene, kurze blonde Haare, Basketballer –, aber alle Mädchen fanden ihn toll. Auch ich. Er wohnte in Britz, und wir haben bei ihm öfter Partys mit Saufspielchen gefeiert. Auf einer dieser Partys landeten wir knutschend auf dem Sofa. Danach waren wir für ein paar Wochen zusammen. In diese Zeit fiel auch mein erstes Mal. Es war so schlecht, dass ich dabei eine komplette Folge Simpsons geguckt habe, ohne auch nur eine Minute von der Handlung zu verpassen. Ich war danach auch immer noch Jungfrau. Erst beim zweiten Mal blutete es ein bisschen. Da waren wir angetrunken, und er muss sich etwas mehr Mühe gegeben haben. Dann fuhr ich in den Schulferien ins Zeltlager nach Dänisch-Nienhof und knutschte dort mit einem anderen Typen rum, und auch Bennie stand nach meiner Rückkehr so bedröppelt vor der Tür. Ich wusste sofort, was los war. Ich hab selten so zackig Schluss gemacht wie damals.

Er: »Du, ich muss dir was sagen.«

Ich: »Aha. Is vorbei mit uns, wa?«

Er: »Ja.« Gesenkter Blick. »Und ich hab dich auch betrogen.«

Ich: »Macht nichts, ich hab im Zeltlager auch mit einem anderen Typen rumgeknutscht.«

Beide: »Na, dann mach's gut.«

So in der Art war das damals. Im Nachhinein hab ich herausgefunden, dass er es faustdick hinter den Ohren hatte und eine nach der anderen abgeschleppt hat. Mir war das aber auch egal. Nach den Ferien zog ich sowieso aus Neukölln weg, und die großen Gefühle hatte ich für den Milchbubi ohnehin nie gehegt. Unsere Beziehung war wie ihr Ende – ein einvernehmliches, aber emotionsfreies Unterfangen. Trotzdem ist es irgendwie bezeichnend, dass mich gleich der erste Typ, mit dem ich zusammen war, beschissen hat.

In meiner Lichtenrader Zeit hab ich dann ein paar sexuelle Erfahrungen gesammelt, ohne mich gleich in Beziehungen zu stürzen. Wenn ich es recht bedenke, war das gar nicht verkehrt, denn sobald Beziehungen ins Spiel kamen, wurde es gefährlich. So war es auch, als ich mit meinem rothaarig gefärbten neuen Ich das junge Jahrtausend bei den Hörnern packen wollte. Nachdem ich mich wiederhergestellt fühlte, wurde ich aushäusig. Und weil ich meiner Oma nicht ewig auf der Tasche liegen wollte, war ich wieder öfter in Lichtenrade unterwegs. Ich versöhnte mich sogar mit meiner Mutter und zog wieder zu ihr. Eigentlich ging mir das gegen den Strich. Auch wenn mir meine Mutter keine Vorwürfe machte oder unbequeme Fragen stellte, fühlte sich die Rückkehr unter ihr Dach wie eine Niederlage an. Und auch wenn sie mich im Großen und Ganzen tun und lassen ließ, was ich wollte, fühlte mich unfrei und eingeengt. In der Hoffnung, mir bald eine eigene Wohnung leisten zu können, jobbte ich in der Gastronomie. Ich arbeitete in einer Location, in die

400 bis 500 Leute reinpassten und in der ich richtig schleppen musste. Hat Spaß gemacht, aber es war nur eine sporadische Geschichte und warf gerade mal genug Geld ab, um meinen Alltag zu finanzieren – einen Alltag, in dem ich zunehmend in alte Verhaltensmuster zurückfiel.

Erst ging ich nur gelegentlich am Roseneck vorbei, dann quatschte ich auch mal wieder mit den alten Kumpels, dann kiffte ich ab und zu bei ihnen mit. Schließlich besorgte ich mir zum ersten Mal seit dem Auszug aus Jeanettes Wohnung wieder eigene Kiffe. Bei T. Der hieß eigentlich Thomas, wurde von allen aber nur T genannt, manchmal auch T-Rex. Das passte zu ihm, denn er war ein Angreifer. Das wusste ich allerdings nicht, als ich das erste Mal bei ihm Gras kaufte und mich in seine Hunde, drei zum Sterben niedliche Boxer, verknallte. Ich wusste es auch nicht beim zweiten Mal, als sich T offenbar in mich verknallte und wir im Bett landeten. Und ich wusste es auch nicht, als ich nach der gemeinsamen Nacht voreilig das Angebot annahm, bei ihm einzuziehen. Ich erfuhr es erst, als ich einen Monat später dazwischenging, als er seine Hunde verdrosch – und von da an selbst nach allen Regeln der Kunst von ihm verprügelt wurde …

Die Episode mit T dauerte nur ein halbes Jahr, aber sie hat mich dahingehend geprägt, dass sie mir die Mechanismen von Gewalt in Beziehungen sehr deutlich vor Augen geführt hat. Zuerst war da das fatale Zusammenspiel von falsch verstandener Abhängigkeit und der Macht, die aus dieser Abhängigkeit entsteht. Absurderweise war ich nie richtig in T verknallt. Er war 34 Jahre alt, also fast doppelt so alt wie ich, und er war eigentlich nicht mein Typ. Zwar versuchte ich mir am Anfang einzureden, dass ich ihn toll fand, aber heute ist mir völlig klar, dass er nur der erstbeste Ausweg war, um der Enge der Wohnung meiner Mutter zu entkommen. Dass ich mich damit in eine ganz andere Enge begab, ist ein anderes Thema. Wenn Jeanettes Wohnung ein Dreckloch war, dann war T's Wohnung eine Dreckzelle. Das winzige Einzimmerappartement diente nicht nur als Schlafzimmer, sondern auch als Marihuana-Plantage. Die Hälfte des Raums war einer Kammer vorbehalten, in der die Hanfpflanzen unter speziellen Leuchtstoffröhren vor sich hin wuchsen. Dass wir damit an der Quelle saßen und ständig Bong rauchten, führte dazu, dass die Bude permanent verqualmt war. Den Sommer verbrachten wir auf dem Minibalkon, weil es drinnen nicht auszuhalten war.

Aber zurück zu Gewaltmechanismus Nummer zwei: Der mangelnden Zuneigung zu T wirkte ein extremes Verantwortungsgefühl entgegen, das ich gegenüber seinen Hunden entwickelte. Ich bin sehr tierlieb und konnte den Gedanken nicht ertragen, dass er die Viecher schlug. Um sie zu schützen, blieb ich, spielte den Blitzableiter und ließ mich selbst vertrimmen. Dass ich niemandem davon erzählte oder gar Hilfe holte, lag am dritten Mechanismus, der in gewisser Weise bis heute nachwirkt. Mir wird immer schlecht, wenn ich an all das denke, was damals passiert ist. Und es ist mir selbst jetzt, in dem Moment, in dem ich es aufschreibe, noch peinlich. Das ist die absurde Scham, die viele Menschen empfinden, die geschlagen werden. In meinem Fall trug sie dazu bei, dass sich die Feuerwalze meiner Kindheit erneut in Bewegung setzte. Ähnlich wie damals Bodo schlug auch T immer mit der flachen Hand zu – auf den Oberkörper, ins Gesicht. Einmal traf er mich mit voller Wucht am rechten Ohr. Danach hab ich mehrere Wochen nicht richtig gehört, Geräusche nahm ich nur noch undeutlich wahr, und mir wurde laufend schwindelig. Wahrscheinlich war das Trommelfell angerissen. Zum Arzt zu gehen, traute ich mich aber nicht. Zumal T mich auslachte und meinte, ich würde simulieren. Zum Glück erledigte sich das Problem irgendwann von selbst. Eines Tages knackte es laut in dem tauben Ohr. Danach konnte ich wieder normal hören. Bis es auch in meiner Psyche knackte und ich mit dem Arschloch Schluss machte, ließ ich noch diverse weitere Angriffe des T-Rex über mich ergehen. Die Angst, den Schmerz und die Verzweiflung, die ich aus meiner Kindheit kannte, bewirkte, dass ich alten Gewohnheiten verfiel. Immer wieder machte ich emotional zu, duckte mich und wartete, bis es vorbei war. Erst ganz zum Schluss der »Beziehung« wehrte ich mich. Mit einem Fausthieb, in dem all die Wut steckte, die sich in den Monaten zuvor in mir aufgestaut hatte – und mit dem ich T zwei Zähne ausschlug. Ich bin nicht stolz darauf. Aber ich schäme mich auch nicht.

11. Februar 2010 –
Träume von Haien

Mal wieder bin ich panisch aus dem Schlaf hochge-schreckt, bekomme keine Luft und habe Beklem-mungsgefühle. Es ist Nacht. Alles um mich herum ist dunkel und still. Niemand rührt sich. Dann habe ich dieses Mal wohl zumindest nicht geschrien. Auch das ist in den letzten Nächten vorgekommen. In diesen Fällen kamen sofort die Pfleger und Schwestern angelaufen, um mich zu beruhigen oder mir ein Beruhigungsmittel zu verabreichen. Wir haben auch mit dem Arzt darüber gesprochen. Er sagt, das seien krankheitsbedingte Panikattacken – sozusagen kleine Versio-nen der epileptischen Anfälle. Für mich klingt das plausibel. Auch bei der Epilepsie reiße ich die Augen auf wie eine Ver-rückte, hab Atemnot und bekomme einen metallischen Ge-schmack im Mund. Das ist beim nächtlichen Hochschrecken ähnlich. Hinzu kommen die Traumbilder, die die Panik aus-lösen. Immer wieder träume ich, dass ich verfolgt werde. Oder dass ich im Krieg auf dem Schlachtfeld stehe. Einmal hat mir ein Verfolger ein Messer zwischen die Rippen ge-rammt und immer wieder von oben nach unten gehebelt. Der blanke Brutalitätshorror, den ich tatsächlich körperlich gespürt habe. Nach dem Traum bin ich aufgewacht und hat-te richtige Schmerzen im Brustkorb. Folter und Quälerei sind sowieso wiederkehrende Motive. Außerdem träume ich regelmäßig von der Situation, dass ich im offenen Meer schwimme und von Haien umringt bin, die immer engere

Kreise um mich ziehen. All diese Phantasien sind nicht neu. Sie haben mir schon lange vor der Krankenhauszeit den Schlaf geraubt. In einem Traumdeutungsbuch hab ich mal gelesen, dass Haie dafür stehen, dass man Männer als etwas Negatives sieht und sie als Bedrohung empfindet. Für meinen Teil kann ich sagen, dass da etwas Wahres dran ist. Mein Verhältnis zu Männern ist sehr ambivalent. Einerseits komme ich mit ihnen besser klar als mit Frauen, konnte ihre Art, miteinander umzugehen, schon immer besser verstehen als die zeitweiligen Zickenkriege, die sich unter Weibern abspielen. Andererseits sind Männer auch immer wieder diejenigen gewesen, die mich bedroht, gequält und gedemütigt haben.

Während ich ins Dunkel starre und meinem eigenen Atem dabei zuhöre, wie er sich allmählich beruhigt, gehe ich in Gedanken die Männer in meinem Leben durch. Von Bodo bis zu Detlef, von T bis zu meiner momentanen Beziehung. Im Vergleich zu den meisten Vorgängern ist mein jetziger Freund ein friedlicher Charakter. In den fünf Monaten, seit wir uns kennen, hat er nie die Hand gegen mich erhoben oder mir in sonst irgendeiner Form gedroht. Sollte ich ihm vergeben? Vielleicht ist mein Anblick ja wirklich so unerträglich, dass man ihn nicht aushält, ohne angewidert das Gesicht zu verziehen. Und vielleicht bringt ihn mein Geschrei ja auch dazu, in Zukunft mehr über seine Reaktionen nachzudenken. Andererseits bin ich mit dem Enttäuschung-Hoffnung-auf-Besserung-erneute-Enttäuschung-erneute-Hoffnung-Prinzip noch nie gut gefahren. Nicht bei T und auch nicht bei denen, die danach kamen. Vor allem nicht bei Olli – bei dem ich am längsten gehofft habe.

Bonnie und Clyde
von Lichtenrade

Nachdem T erkannte, dass es mit drei Hunden in der Wohnung zu eng war und er die Tiere von sich aus abgab, hatte ich endgültig keinen Grund mehr zu bleiben. Ich machte Schluss. Ich taumelte mit ein paar Wunden mehr und der Gewissheit aus der Episode, dass eine Beziehung ohne Liebe mir nicht noch mal passieren würde. Viel mehr hatte ich offenbar nicht gelernt. Sonst wäre ich nicht postwendend in die Arme eines neuen Mannes gestolpert, der mir ein weiteres Mal die Selbstachtung streitig machen wollte – heftiger, als es je einer getan hatte. Und brutaler, als es jemals wieder einer tun sollte. Ich ließ es nicht zuletzt geschehen, weil ich diesen Mann wirklich liebte.

Meinem damaligen Beuteraster entsprechend war auch Olli Gelegenheitsdealer, und auch ihn lernte ich als Kundin kennen. Der Unterschied war, dass ich mich in diesem Fall nicht in seine Hunde verknallte (er hatte gar keine), sondern in ihn selbst. Und er sich in mich. Und dass diesmal alles zu passen schien. Ich war inzwischen 18, er war Anfang 20, er spielte Fußball, ich guckte gerne Fußball. Ich finde, dass er ein bisschen wie Bastian Schweinsteiger aussah. Aber den kannte damals noch keiner. Die Hauptsache war: Olli und ich verstanden uns super. Zwei Wochen nachdem wir uns kennengelernt hatten, zog ich zu ihm. Wir wollten zusammen sein. Das war alles, was zählte. Dafür nahm ich in Kauf, dass er häufig schon mittags Bier trank und dass wir permanent am Existenzminimum lebten. Wir ließen manchmal beim Dönerladen anschreiben, weil die Dealerei nicht mal genug Kohle einbrachte, um unseren eigenen Drogenkonsum zu finanzieren. Die permanente Geldnot führte zu einer Konstellation, die mich hätte hellhörig machen müssen: Olli überredete mich zum Klauen. Anfangs hab ich mich dagegen gesperrt. Mein Wannentransport nach dem missglückten Beutezug bei Woolworth war zwar schon sieben Jahre her, aber er war mir lebhaft genug in Erinnerung, als dass ich ihn ein zweites Mal hätte erleben wollen. Doch was macht man, wenn man mit den allerletzten Kröten im Supermarkt einkaufen geht, einem der eigene Freund alle möglichen Fressalien in die Tasche schmeißt und einen an der Kasse vorbei nach draußen schubst, ohne dass jemand was merkt? Ich für meinen Teil hab mich erst tierisch aufgeregt, dann aber auch wieder darüber gelacht, wie einfach alles gewesen war. Und ich hab mich gefragt, ob es ein zweites Mal klappen würde – was natürlich der Fall war und auch fürs dritte, vierte und fünfte Mal galt. Nach kürzester Zeit wurde das Klauen zur Routine, und wir professionalisierten es immer mehr. Wir wurden Bonnie und Clyde des Berliner Südens. Zwar hatten wir keine Waffen, und es gab auch keine Toten, dafür haben wir kistenweise Kaffee gezockt.

Das ging folgendermaßen: Beim Plus-Markt in Lichtenrade gab es einen Aufzug, der zum Parkdeck führte und der direkt neben einem Gitterzaun lag, mit dem der Ladenbereich abgegrenzt war. Hinter dem Zaun standen die Paletten mit dem Kaffee. Wenn man sich ein bisschen streckte, konnte man also ohne weiteres über die Abgrenzung greifen, die Kartons mit den Kaffeepaketen schnappen und sie direkt in den Fahrstuhl verfrachten. Dann fuhr man mit dem Fahrstuhl aufs Parkdeck, packte die Kartons ins Auto und dampfte davon. Anschließend klapperten wir die Kneipen und Firmen der Umgebung ab, in denen wir das Diebesgut für einen Fünfer die Packung verscheuerten. Wenn mir jemand anders diese Story erzählen würde, hätte ich mich vermutlich über so viel Dreistigkeit schlappgelacht. Da ich selbst beteiligt war, sehe ich das ein bisschen anders und rate vom Nachmachen ab. Denn auch wenn wir nie gefasst wurden (nur einmal hat mich eine Verkäuferin erwischt und gejagt, aber ich war schneller als sie), musste ich doch herausfinden, dass unsere Diebstahltouren weder reich noch glücklich gemacht haben. Es hat uns nicht einmal näher zusammengebracht oder unsere Beziehung gerettet.

Nach einem halben Jahr war es mit dem ersten Gefühlsrausch vorbei. Die anfängliche Harmonie machte immer häufiger Meinungsverschiedenheiten Platz. Es ging los mit harmlosen Streitereien. Sie entstanden meist, wenn Olli nach dem Fußballspielen besoffen nach Hause kam. Dann war er von irgendwelchen Kleinigkeiten genervt: weil nicht aufgeräumt war, weil kein Bier mehr im Kühlschrank war oder – ein Dauerproblem – weil kein Geld da war. Wer hatte Schuld an allen Missständen? Das ist klar, oder? Ich natürlich. Und auch, dass sich die Aggressionen sehr bald nicht mehr nur in Gemeckere und knallenden Türen entluden, wird nach den Erfahrungen mit Bodo und T niemanden mehr wundern. Es kamen die ersten Knuffe, dann Schubsereien, dann die erste Ohrfeige. Bald darauf war Olli jedes Schlagwerkzeug recht. Er schlug nicht mehr nur mit der flachen Hand zu, sondern auch mit der Faust. Sogar Cover hat er mir verpasst, also Kopf-an-Kopf-Stöße. Einmal ist er vom Sessel auf mich gesprungen, während ich auf einer Matratze auf dem Boden lag und schlafen wollte.

Dass ich mir in dieser Zeit nie etwas gebrochen habe,

grenzt an ein Wunder. Und dass aus unserem Umfeld niemand etwas unternommen hat, an unterlassene Hilfeleistung. Unsere Kumpels wussten ja, dass ich von Olli auf die Schnauze kriegte. Im Gegensatz zu Bodo machte er sich nicht die Mühe, an Stellen zu schlagen, an denen man die blauen Flecken nicht sah. Hemmungslos brachte er mir eine blutige Lippe, blaue Augen und am ganzen Körper blaue Flecken bei. Wegen der Covers hatte ich zeitweise Pestbeulen auf der Stirn, die aussahen wie Hornissenstiche. Er haute mir auch vor seinen Fußballkumpels eine rein. Die Leute sahen darüber hinweg. Dass ich mich nicht trennte, wurde als stummes Einverständnis gewertet. Nur meine Mutter, die mich irgendwann mit einem blauen Auge auf der Straße erwischte, fühlte sich sofort an ihre eigene Geschichte mit meinem Erzeuger erinnert und flehte mich an, mich zu trennen. Sie drohte auch, Olli anzuzeigen, wenn er nicht die Finger von mir ließe. Diese Drohung führte allerdings nur dazu, dass ich mich distanzierte und kaum noch bei ihr blicken ließ. Stattdessen hoffte ich wieder und wieder darauf, dass Ollis Entschuldigungen ernst gemeint sein könnten. Seine Aufrichtigkeit hielt aber immer nur so lange an, wie er nüchtern war. Nicht lange also.

So gingen fast zwei Jahre ins Land. Zwei Jahre, die mir wie ein endloses Déjà-vu vorkommen. Hoffnung – Enttäuschung, Wunden – Heilung, neue Hoffnung – neue Wunden, neue Enttäuschung, Resignation. Wieder war die Gewalt normal geworden. Genau wie sie bei Bodo und T. normal gewesen war. Es verwundert mich bis heute, was für ein Stehvermögen ich damals gehabt habe. Ich konnte ohne Ende einstecken. Gewehrt hab ich mich auch hier nicht. Irgendwie macht man das wohl instinktiv nicht, um Schlimmeres zu verhindern. Die Männer sind beim Prügeln so in ihrem

Wahn, dass sie ihn gar nicht mehr kontrollieren können. Vor allem wenn sie besoffen sind. Dass die Zeit von Bonnie und Clyde aus Lichtenrade irgendwann trotzdem ein Ende fand, passierte ganz ohne Geschrei und Getöse. Es geschah still und leise. Unsere Geschichte endete, indem sich ein Kreis schloss. Mit einer Flucht.

12. Februar 2010 –
Klingonin im Spiegel

Die Schläuche sind raus. Puh, war das übel. Zum Glück wurden die Dinger im Liegen gezogen, sonst wäre ich garantiert vom Hocker gekippt. Kurz bevor es losging, meinte der Arzt noch zu mir: »Du wirst mich gleich hassen.«

Ich hab gelacht und abgewinkt. Ich bin ja nicht aus Zucker. Was dann kam, war aber schon krass. Ich musste tief Luft holen, bis drei zählen, und beim Ausatmen wurde gezogen. Leider nicht nur einmal, sondern der Anzahl der Schläuche entsprechend viermal hintereinander. Viermal dieses fiese, schmatzende Geräusch und viermal das schwindelerregende Gefühl, als wäre mein Kopf ein Autoreifen, dem die Luft abgelassen wird. Danach hab ich echt Sterne gesehen.

Das ist inzwischen acht Stunden her, und ich fühle mich wie neugeboren. Okay, das ist vielleicht etwas übertrieben, aber die Schmerzen sind wenigstens um den Druck reduziert, den die Schläuche verursacht haben. Außerdem hab ich zum ersten Mal seit einer Woche wieder geduscht. Mann, war das schön. Ich habe normalerweise einen kleinen Waschzwang und fühle mich nicht mal richtig wohl, wenn ich morgens frühstücke, ohne vorher im Badezimmer gewesen zu sein. Unter solchen Voraussetzungen ist eine Woche ohne Dusche eine Angelegenheit, die sprichwörtlich zum Himmel stinkt. Selbst meine Mutter meinte zum Schluss: »Ich hab noch nie mitbekommen, dass du unangenehm riechst, aber jetzt wird es wirklich Zeit für eine Grundreinigung.«

Recht hatte sie. Nachdem die Schläuche gezogen wurden, brachte mich die Schwester in einen Waschraum, den ich ganz für mich alleine hatte. Er war relativ groß und mit einem Hocker ausgestattet, so dass ich beim Duschen sitzen konnte. Längere Zeit aufrecht zu stehen fällt mir noch schwer. Als ich unter der Brause saß und spürte, wie das heiße Wasser über meinen Körper lief, fühlte ich mich, als würde der Schmutz von Jahrtausenden von meiner Haut gespült. War irgendwie auch so. Die Haare, die vor der OP nicht abrasiert worden waren, bildeten einen einzigen Klumpen, der von getrocknetem Jod und Blut zusammengehalten wurde. Der Rest des Körpers fühlte sich nach einer Woche Bettruhe nicht weniger klebrig an. Ich hab bestimmt eine halbe Stunde unter der Dusche verbracht und mich dreimal abgeseift. Als anschließend meine Mutter zu Besuch kam, war sie so begeistert von meinem Anblick, dass sie mir erlaubt hat, zum ersten Mal seit der OP wieder in den Spiegel zu gucken. Ich muss zugeben, dass ich ihre Begeisterung nicht wirklich teilen konnte. Ich bin erschrocken, als ich meine geschwollene Birne und die martialischen Nähte gesehen habe. Die Haut rund um die Narbe wölbt sich ungefähr zwei Zentimeter nach oben, und die Narbe verläuft einmal quer über die rechte Schädelhälfte. Wenn ich mir vorstelle, dass vorher zusätzlich die fetten Schläuche unter der Haut steckten und mein Schädel mit Jod eingepinselt war, das ausgesehen haben muss wie getrocknetes Blut, ist mir klar, warum Oma meinen Anblick nicht lange ertragen konnte. Ich muss ausgesehen haben wie die Klingonen aus *Star Trek*. Das Spiegelverbot ergibt für mich jetzt umso mehr Sinn. Von meinem aktuellen Zustand hab ich schnell ein Foto gemacht. So aus der Form gerate ich in meinem Leben ja hoffentlich nur einmal. Es kann nicht schaden, ein Erinnerungsbild als Mahnmal zurückzubehalten.

Ein unwiderstehliches Angebot

Es muss ein schwarzer Nachmittag in Ollis Leben gewesen sein, als er eines Tages vom Probearbeiten auf dem Bau nach Hause kam und eine nahezu leere Wohnung vorfand. Die Möbel, die sich im Laufe der Beziehung in unserer kleinen Butze angesammelt hatten, waren fast ausschließlich von mir ins Haus getragen worden. Deshalb trug ich sie auch wieder hinaus, als ich dem Elend meiner Déjà-vu-Existenz mit einem heimlichen Auszug entfloh. Meine Komplizin bei der minutiös geplanten Flucht war wie so oft meine Mutter. Nachdem mein Sturkopf ein paarmal zu oft Ollis Schlägen zum Opfer gefallen und mir die Trostlosigkeit unserer Von-der-Hand-in-den-Mund-Existenz immer deutlicher vor Augen getreten war, hatte ich mich auf ihren erfolglosen Versuch, Olli per Anzeige aus meinem Leben zu drängen, zurückbesonnen und sie um Rat gebeten. Ihren eigenen Erfahrungen folgend, fielen ihr dabei nur vier Wörter ein: »Abhauen – am besten heimlich!«

Weil Olli keinen festen Job hatte und in Folge zunehmend schlecht gehender Drogengeschäfte ständig zu Hause rumhing, war es zunächst schwierig, den geeigneten Zeitpunkt abzupassen. Die Probearbeit, die ihm ein Freund vermittelt hatte, war ein Geschenk des Himmels. Weil unsere finanzielle Lage so angespannt war, konnten wir davon ausgehen, dass Olli zu dem Job nicht nur hingehen würde, sondern auch, dass er den ersten Tag bis zum Ende durchziehen würde. Das bedeutete, ich hatte knapp acht Stunden Zeit, um alle Zelte abzubrechen, mein Zeug aus der Wohnung zu räumen und in ein neues Leben abzuhauen.

Genau das passierte. Sobald Olli aus dem Haus war, rief ich meine Mutter an, sie fuhr mit einem geliehenen Transporter vor, und wir schmissen meine Habseligkeiten hinein. Besonders viel hatte ich eigentlich nicht, aber wenn jeder Gang durchs Treppenhaus mit der Angst verbunden ist, dass ein Nachbar mitbekommen könnte, was abgeht, der zumindest theoretisch meinen Ex-Freund – ich sprach von Olli zu diesem Zeitpunkt schon in der Vergangenheitsform – alarmieren könnte, kommt einem jede Minute doppelt lang und jedes Möbelstück doppelt schwer vor.

Doch das Schicksal meinte es gut mit mir. Der Auszug verlief ohne Komplikationen, und wir waren lange vor Ollis erwarteter Heimkehr zu neuen Horizonten aufgebrochen. Na gut, so neu waren sie gar nicht. Wir fuhren nach Neukölln.

Meine Mutter hatte unseren alten Hausmeister aus der Schierker Straße gefragt, ob er eine Bleibe für mich wüsste. Er wusste eine. So startete mein neues Leben ausgerechnet in jener Wohnung, in der ich den Großteil meiner Kindheit verbracht hatte. Der Drei-Zimmer-Palast war für mich alleine zwar viel zu groß, und die Fracht aus dem Transporter genügte nicht ansatzweise, um ihn zu möblieren, aber er war vergleichsweise billig und vor allem sofort zu haben.

Zum ersten Mal in meinem Leben hatte ich mein eigenes Reich – zu dem sich noch am selben Abend die Aussicht auf einen Job gesellte. Nachdem meine Mutter gegangen war, um den Mietwagen zurückzubringen, läutete es an der Wohnungstür. Ich weiß noch, wie ich beim Schrillen der Klingel zusammenzuckte aus Angst, es könnte Olli sein, der mich zurückholen wollte. Zum Glück war es nur der Hausmeister, der mich erst umständlich willkommen hieß und sich erkundigte, ob alles in Ordnung sei, um dann mit seinem eigentlichen Anliegen herauszurücken.

»Sag mal … Deine Mutter hat angedeutet, du könntest einen Job gebrauchen.«

»Ja, wieso? Haste einen?«

»Na ja«, druckste er herum. »Ich hab da 'nen Bekannten, der sucht grad Leute.«

Diese Worte waren Musik in meinen Ohren.

»Und?«, hab ich gefragt. »Haste ihn mitgebracht?«

»Nö«, kam unbeholfen zurück.

»Schade«, gab ich zurück und wusste nicht, was ich sagen sollte. »Und nun?«

»Der ist in der Gastronomiebranche.«

»Klingt gut, da hab ich Erfahrung. Veranstaltungslokal mit 500 Plätzen. Ich kann richtig schleppen, wenn's sein muss, das kannst du ihm ausrichten.«

»Na ja, also …« Er rang mit jedem Wort. »Das ist jetzt nicht direkt ein Veranstaltungslokal.«

»Was isses denn?«, hab ich gefragt. »Ein Puff oder was?«

Die letzte Frage hatte ich eigentlich als Witz gemeint, um das Eis zu brechen. Sie erfüllte ihren Zweck. Wenn auch in anderer Form, als ich erwartet hatte.

Er fing an, laut zu lachen, und meinte: »Na, dir macht man nicht so schnell was vor, oder? Ein Puff ist es nicht, aber 'ne Tabledance-Bar hat er. Hättest du ein Problem, in dem Laden als Kellnerin zu arbeiten?«

Ob ich ein Problem damit hatte? Ich hatte eine Zeitlang Geld damit verdient, dass ich Kaffee bei Plus geklaut und weiterverkauft hatte. Dagegen kam mir ein Job in einer

Tabledance-Bar wie ein Lottogewinn vor. Abgesehen davon, dass ich auch ohne meine klägliche Vorgeschichte keine Berührungsängste mit Striptease gehabt hätte. Ich sagte sofort zu.

Schon ein paar Tage später hatte ich meinen ersten Arbeitstag im *Tutti Frutti*. Er sollte meinem Leben eine völlig neue Richtung geben.

15. Februar 2010 –
Valentinstag

Um ehrlich zu sein, habe ich das Gefühl, dass es zu früh ist für eine Entlassung. Aber ich hab zum Arzt nichts gesagt. Ewig im Krankenhaus zu bleiben ist ja auch keine Lösung. Mit einer weiten Mütze, die Schwellung und Narbe verdeckt, stehe ich in der U-Bahn nach Hause. Es ist nicht weit – nur vier Stationen mit einmal umsteigen –, aber in einem Zustand, in dem jede kleine Erschütterung einem Erdbeben und jede Durchsage ohrenbetäubendem Kampfgebrüll gleicht, ist selbst diese Strecke eine Herausforderung. Der Weg zur Wohnung ebenfalls. Zum Glück hat mein Haus einen Fahrstuhl.

Als ich die Tür hinter mir geschlossen habe, schmeiße ich die Tasche in den Flur, wanke in die Küche und fülle ein Glas Leitungswasser, mit dem ich eine von den Schmerztabletten hinunterstürze, die sie mir in der Klinik mitgegeben haben. Dann sacke ich auf einen Stuhl und bleibe schwer atmend sitzen. Im Wohnzimmer läuft der Fernseher, im Flur stehen noch immer Umzugskartons, in der Spüle stapelt sich schmutziges Geschirr. Offenbar hat sich nichts geändert in der Zeit meiner Abwesenheit.

In meiner momentanen Verfassung bin ich nicht sicher, ob ich mich ärgern oder ob ich das als angenehm vertraut empfinden soll. Die Tablette wirkt schnell. Eine schwere, aber friedliche Taubheit steigt in mir hoch. Das Pochen in meinem Kopf lässt nach, ich werde ruhig und schließe die Augen. Kurz darauf höre ich, wie Schritte aus dem Flur auf mich zukommen. Als ich die Augen wieder öffne, sind meine Lider schwer wie Blei. Mein Freund steht im Raum. Ich habe ihn seit seinem verunglückten Besuch im Krankenhaus vor fünf Tagen nicht mehr gesehen. Trotz allem muss ich zugeben, dass ich ihn vermisst habe. Ich freue mich, dass er da ist.

»Willst du nicht wenigstens die Jacke ausziehen?«, fragt er und nimmt sich eine Cola aus dem Kühlschrank. Ich zucke die Schultern und schließe wieder die Augen.

»Übrigens war gestern Valentinstag«, höre ich ihn noch sagen. »Nachdem du im Krankenhaus auf Brüllaffe gemacht hast, hatte ich eigentlich ein Versöhnungsgeschenk erwartet.«

Dann entfernen sich die Schritte im Flur wieder. Taubheit, Schwärze, Fernsehergeräusche. Der Inhalt der letzten Worte dringt erst nach und nach in mein Bewusstsein. Valentinstag ... Hab ich tatsächlich keinen Gedanken dran verschwendet. Versöhnung ... Irgendwie auch nicht. Aber ist nicht eigentlich er derjenige, der sich entschuldigen müsste?

Was nun passiert, ist völlig irrational. Ich bin dermaßen ferngesteuert, dass ich kaum Erinnerungen an meine nächsten Schritte habe. Unter der Taubheit schwelt eine Mischung aus Trotz, schlechtem Gewissen, Wut, Rache und Pflichtgefühl, die mich aufstehen und die Wohnung verlassen lässt. Wie ferngesteuert stolpere ich in den Fahrstuhl, wanke den Weg zurück zur Bahn, fahre wieder vier Stationen bis zur Seestraße, kaufe bei C&A einen Männerpullover und sitze kurz darauf erneut in der U-Bahn zurück nach Hause. Dort fühlt es sich auf einmal an, als würde ich aus einer Hypnose erwachen, in der ich den Mount Everest bestiegen hab oder zum Nordpol gewandert bin. Mir geht die Pumpe wie verrückt, mir ist schlecht, und mein Kopf droht zu zerspringen. Als ich beim Aussteigen die Hebel der Waggontür betätige, kommen sie mir vor wie zentnerschwere Betonplatten. Ich schaffe es kaum, sie zu bewegen. Gleichzeitig merke ich, dass meine Beine nachgeben. Zum Laufen hab ich kaum noch Kraft. Ich hangele mich nach Hause. Im Fahrstuhl sinke ich auf den Boden. Den Weg aus der Kabine zur Wohnungstür krieche ich auf allen vieren. Während ich zur Couch robbe, sehe ich aus den Augenwinkeln meinen Freund vor dem Computer sitzen. Zum letzten Mal bäumen sich Wut und Trotz in mir auf. Aus der Tüte, die immer noch an meinem Handgelenk hängt, ziehe ich den Pullover hervor. Erst jetzt fällt mir auf, wie hässlich das Teil ist. Ich würde so was unter normalen Umständen nie aussuchen. Scheiß drauf! Mit einem zischenden »Hier hast du dein Valentinsgeschenk!« schleudere ich das Ding Richtung Computertisch. Dann ziehe ich mich mit letzter Kraft zum Sofa hoch und möchte einfach nur stumm liegen bleiben. Doch mein Körper lässt mich nicht. Er zittert wie unter Strom. Ich bekomme rasende Kopfschmerzen, werde apathisch und fange an zu sabbern.

Noch am selben Nachmittag müssen wir den Notarzt rufen. Als der Krankenwagen da ist, verwechselt mein Freund die Papiere und gibt den Sanitätern den alten Arztbericht. Den Bericht, der die Drogenklausel enthält. Die erste Frage, die man mir in der Notaufnahme stellt, lautet: »Sind Sie jetzt nüchtern?«

»Nee«, antworte ich. »Ich bin total auf Morphinen, die mir Ihre Kollegen verabreicht haben.«

Blöder Blick, offener Mund.

»Aber um Ihre eigentliche Frage zu beantworten: Drogen hab ich keine genommen, das ist ja wohl klar.«

Dann muss ich in die Röhre. Das MRT ergibt, dass ich eine Hirnschwellung habe. Dagegen gibt es Medikamente, aber sie behalten mich zur Sicherheit im Krankenhaus. Mindestens eine Woche. Auf jeden Fall so lange, bis die Schwellung zurückgegangen ist. Ich hatte ja gleich das Gefühl, dass die Entlassung zu früh kam.

Grundkurs in Sachen
Stangentanz

Das *Tutti Frutti* gehörte zu einer alten Generation von Tabledance-Schuppen, in denen die Grenze zwischen Rotlichtmilieu und erotischem Entertainment noch sehr fließend waren. Der Laden lag am Mehringdamm und war eigentlich eine abgefuckte Rummelbude. Trotzdem herrschte reger Andrang. Die ersten großen, schickeren Läden begannen damals gerade erst, sich zu etablieren, deshalb gab es nicht viel Konkurrenz. Zumal das *Tutti* bei der alten Generation führend war. Hinter dem Eingang musste man durch einen schmalen Gang an der Bar vorbei, dann ging es zwei Stufen nach oben in den Hauptraum, wo sich die Bühne, die Stange, Tische, Stühle und kleine Sitzecken befanden. Die meisten Wände waren verspiegelt, und überall standen Blumentöpfe herum. Dass die Pflanzen darin aus Plastik waren, fiel dank der gedämpften Beleuchtung erst beim zweiten Blick auf. Ansonsten war es ziemlich altmodisch und dreckig. Lustigerweise waren aber genau diese Attribute die Erfolgsgeheimnisse des Ladens. Die Gäste liebten den halbseidenen Retro-Charme und kamen deswegen ins *Tutti Frutti*. Nicht zuletzt, weil er bei allem Mangel an Perfektion eine gewisse Gemütlichkeit verströmte. Den Rest besorgte die Herzlichkeit der Betreiber und des Personals. Sie war es auch, die dafür sorgte, dass ich mich auf Anhieb wohl fühlte. Der Hausmeister aus der Schierker Straße hatte mit seinen hartnäckigen Beteuerungen, dass in dem Laden »wirklich alle total nett« seien, leider das Gegenteil dessen bewirkt, was er bezweckt hatte. Wo ständig betont werden muss, dass alles in Ordnung ist, stimmt es ja in der Regel am allerwenigsten, deshalb war ich vor dem Probearbeiten etwas misstrauisch. Als ich aber mit Kalle geredet hatte, der das *Tutti* zusammen mit seinem Sohn betrieb, waren meine Zweifel schnell verflogen. Kalle meinte, ich solle mich am ersten Abend einfach umsehen und danach entscheiden, ob ich mir vorstellen konnte, für ihn zu arbeiten.

»Hinter der Bar will ich dich nicht gleich zu Anfang einsetzen, das ist zu stressig«, meinte er. »Aber du kannst servieren und Dollars verkaufen. Dabei kann nicht viel schiefgehen.«

So schwebte ich in meiner ersten *Tutti Frutti*-Nacht zwischen den Tischen umher, verkaufte Dollars und kam aus dem Staunen nicht heraus. Der Dresscode-Empfehlung »dezent sexy« folgend, hatte ich ein kurzes schwarzes Kleid angezogen. Am Anfang des Abends fühlte ich mich total nackt in dem Kleid, am Ende der Schicht aber völlig overdressed. War ich anfangs noch sehr zurückhaltend und fühlte mich wahnsinnig beobachtet, merkte ich nach einer Weile, dass es keinen Grund zur Sorge gab. Natürlich waren gerade Stammgäste neugierig auf das neue Mitglied der *Tutti*-Crew, aber sie waren auch erstaunlich respektvoll. Statt zudringlich zu werden, verhielten sie sich eher fürsorglich, beantworteten meine Unsicherheit mit aufmunternden Bemerkungen oder gaben mir kleine Tipps. Mir wurde bald klar, dass ich am besten fuhr, wenn ich offen zugab, dass mir etwas nicht passte oder wenn ich etwas nicht wusste. Diese Erkenntnis führte dazu, dass ich mich prompt freier bewegte. Was wiederum zur Folge hatte, dass meine Dollars besseren Absatz fanden. Und wenig später wurde mir mein erster Piccolo spendiert.

Auf diese Weise hatte ich die drei Grundregeln, die man im Geschäft mit dem Stangentanz beherrschen muss, sozusagen im Umherschweben erfasst: Verstell dich nicht. Kenne deine Grenzen. Lass dir Getränke ausgeben. Die Dollars, die den Tänzerinnen auf der Bühne zugesteckt wurden und die sie später beim Geschäftsführer in Bargeld umtauschen konnten, waren nur ein Gimmick. Das richtige Geld machten sie, indem sie sich Drinks spendieren ließen, auf die sie Provision kassierten. Das war übrigens auch der Grund für die vielen Plastikpflanzen. Weil die Mädels die gesponserten Drinks normalerweise mit dem Spender zusammen tranken, konnte ein langer Abend zu einer suffseligen Veranstaltung werden. Um den Umsatz anzukurbeln, aber trotzdem nicht drei Stunden vor Feierabend sturzbetrunken an der Stange zu hängen, kippten viele Frauen ihren Sekt, sobald der Gast nicht aufpasste, in einen Blumenkübel. Echte Pflanzen hätten das nicht lange überlebt, die Plastikbouquets dagegen blühten unbeeindruckt weiter. Wenn der Umtrunk gut lief, buchte der Gast anschließend einen Private Dance. Dafür gab es in der ersten Etage eigens eingerichtete Zimmer. Wie explizit es dort weiterging, hing vom Temperament der Frauen und der jeweiligen Chemie mit dem Gast ab. Zwänge gab es nicht. Auch Private Dances konnten jederzeit abgebrochen werden, wenn ein Intermezzo unerfreulich verlief.

Von solchen Feinheiten bekam ich am ersten Abend zugegebenermaßen noch nicht viel mit. Auch die wohlwollenden Blicke und die flüchtigen Unterhaltungen mit den Männern rauschten an mir vorbei. Einen umso größeren Eindruck hinterließen die Mädchen auf der Bühne. Ihre geschmeidigen Bewegungen, die nackte Haut im Licht, die Musik – all das faszinierte mich total. Je weiter der Abend voranschritt, desto größer wurde die Gewissheit, dass ich die Tanzerei selbst ausprobieren wollte. Am Ende der Schicht sprach ich Kalle darauf an. Der staunte nicht schlecht.

»Du willst an die Stange?«, lachte er. »Das ging aber schnell.«

In dem Moment fühlte ich mich von meiner eigenen Courage überrumpelt und ruderte ein wenig zurück: »Ich kann's ja zumindest mal versuchen. Vielleicht muss ich mich ja nicht gleich komplett ausziehen …«

Den letzten Satz hätte ich mir sparen können. Erstens behielten die Tänzerinnen im *Tutti* generell ihre Höschen an – dadurch wurde die Neugier gesteigert und die Bereitschaft für Private Dances erhöht. Zweitens machen Stripperinnen, die neu im Geschäft sind, ihre ersten Tänze immer zunächst mit Unterwäsche. So finden sie heraus, ob sie mit der Nacktheit auf der Bühne wirklich umgehen können. Das ist zumindest in guten Läden so. Und ein guter Laden war das *Tutti* trotz seines verlebten Charmes. Davon sollte ich mich in den folgenden sieben Monaten eingehend überzeugen.

18. Februar 2010 –
Abwarten und Tee trinken

Ich hab den Raum gewechselt. Nach der Hirnschwellungs-Diagnose haben sie mich wieder auf der Neurologie einquartiert. Zwei Tage lag ich mit einer Frau im Zimmer, die Wahnvorstellungen hatte. Mitten in der Nacht schreckte sie hoch und rief lauthals nach ihrem toten Mann.

»Bernhard, Bernhard, du musst die Muschi bürsten!«, brüllte sie in einer Tour.

Für alle Spaßvögel zum Mitschreiben: Das bezog sich auf ihre Katze. Abgesehen davon war es weit weniger lustig, als es klingt. Nachdem mich ihre markerschütternden Schreie zwei Nächte lang um den Schlaf gebracht hatten, hab ich verlangt, in ein neues Zimmer verlegt zu werden. Dem Wunsch wurde ohne Probleme entsprochen. Jetzt bin ich bei fünf stilleren Kandidaten untergebracht und hab mehr oder weniger meine Ruhe. Nur tagsüber kommt in unregelmäßigen Abständen ein verwirrter Greis vorbei. Er reißt die Tür auf, steckt den Kopf ins Zimmer und ruft: »Wo sind'n hier die Mädels?«

Dann guckt er zweimal rechts und links, schlägt die Tür wieder zu und zieht zum nächsten Zimmer. Das macht er so lange, bis ein Pfleger ihn einfängt und zurück auf seine Station bringt. Mit anderen Worten: Es ist ein ziemliches Tollhaus hier. In der letzten Woche hab ich in meinem zugedröhnten Zustand viele Details nicht mitbekommen oder verschlafen. Das ist jetzt anders. Die Medikamente gegen die

Hirnschwellung und die Schmerzen hauen zwar immer noch rein, aber ich bin nicht mehr ans Bett gefesselt und tagsüber die meiste Zeit wach. Mit Erika, der Frau im Bett neben mir, hab ich mich ein bisschen angefreundet. Sie ist 70, hat fünf Tumore im Kopf und ist sterbenskrank. Trotzdem bleibt sie total optimistisch und ist erstaunlich rüstig. Ich hab sie gefragt, wie sie das schafft. Anfangs wusste sie darauf keine Antwort, aber als ich ihr vorhin Tee ans Bett gebracht habe, meinte sie: »Kennst du den Ausspruch ›Abwarten und Tee trinken‹?«

Ich hab genickt.

»Lange hab ich diese Redensart vor allem darauf bezogen, dass das Schicksal sowieso macht, was es will, und wir Menschen eigentlich nur dasitzen und abwarten können.«

»Stimmt doch, oder?«

»Schon, aber ich hab dabei das Teetrinken völlig vergessen. Das Abwarten ist eine Sache, aber das Teetrinken steht dafür, dass man währenddessen nicht tatenlos herumsitzen muss. Wenn man schon warten muss, dann kann man sich dabei wenigstens etwas Gutes tun.«

Als ich die Stirn gerunzelt habe, fügte Erika hinzu: »Du hast doch gefragt, wie ich es schaffe, optimistisch zu bleiben. Ich konzentriere mich einfach auf die kleinen Annehmlichkeiten. Auf ein Gespräch mit dir, auf eine Tasse Tee, auf Dinge, die mir guttun. Alles, was mir nicht guttut, versuche ich auszusortieren.«

Unweigerlich muss ich an meinen Freund denken. Eigentlich hat er mir spätestens seit der ganzen Krankheitsgeschichte nur Ärger und Kummer bereitet. Gutgetan hat er kein einziges Mal. Und vergeben hab ich ihm eigentlich auch nicht wirklich. Ich fürchte, es ist Zeit, ihn auszusortieren.

Königin

Natürlich stellte Kalle sich meinen Ambitionen, mich als Tänzerin auszuprobieren, nicht in den Weg. Eher machte er den Eindruck, als ob er gehofft hatte, dass es so kommen würde. Er hatte mich an meinem ersten Abend genau beobachtet – wie ich mit den Gästen umging, wie ich mich durch den Laden bewegte und beim Dollars-Verkaufen anstellte. Irgendwie muss ihm gefallen haben, was er sah. Jedenfalls gab er mir noch in derselben Nacht grünes Licht für mein Tanz-Experiment. Schon am nächsten Abend stand ich zum ersten Mal auf der Bühne.

Ich war so aufgeregt, dass ich mir vorher einen anzwitschern musste, um das Lampenfieber in den Griff zu bekommen. Bis auf ein paar Trockenübungen eine halbe Stunde vor Ladenöffnung, die Choreographien der Kolleginnen vom Vorabend im Kopf, und ein paar gute Tipps vom DJ, der das Bewegungswunder vor dem Herrn war, war meine Vorbildung ja gleich null. Ich wusste nicht, wie man die Stange in den Tanz integriert. Und ich wusste nicht, wie man sich erotisch in Szene setzt. Gar nichts wusste ich. Unter den gegebenen Umständen war aber genau dieses Unwissen die beste Voraussetzung. Dadurch, dass ich von den gängigen Striptease-Techniken keine Ahnung hatte, wurde ich auch nicht von ihnen durcheinandergebracht. Und dadurch, dass ich keine Regeln befolgte, tanzte ich komplett nach Gefühl. Ohne Gefühl wird auch der routinierteste Strip zur seelenlosen Turnübung, deshalb legt man lieber zu viel davon in die Darbietung als zu wenig.

An jenem ersten Abend übertraf ich die »Zu viel«-Marke mit Sicherheit um Längen – zumal ich dem DJ für meinen Auftritt eine CD mit ein paar Metallica-Balladen und drei, vier harten Techno-Nummern, also meiner absoluten Lieblingsmusik, gegeben hatte. Den Rest besorgten Unerfahrenheit, Unsicherheit und meine grenzenlose Angst, auf der Bühne auf die Schnauze zu fallen. Diese drei Faktoren tanzten die ganze Zeit mit, und sie müssen meinen Auftritt zu einer wirklich herzerweichenden Nummer gemacht haben. Anders kann ich mir den durchschlagenden Erfolg nicht erklären. Die Kerle grölten und applaudierten, schon nach dem ersten Tanz hatten sie mir um die 100 Dollar auf die Bühne geschmissen, und im Anschluss wurde ich am laufenden Band eingeladen. Es war ein Triumph. Ich war richtig high von dem ganzen Jubel. Kalle auch. Am Ende der Nacht meinte er zu mir: »Du willst an die Stange? Dann bleib dabei. Genau da gehörst du hin!«

Danach war nie wieder die Rede von Dollars verkaufen oder Barbetrieb. Ich war jetzt Tänzerin. Und ich betrieb diesen Job mit großem Ehrgeiz. Ich hab mir DVDs und Internetvideos von Strip-Weltmeisterschaften angesehen, mir die Griffe abgeguckt, Choreographien ausgedacht und geübt wie eine Blöde. Nach der Arbeit blieb ich immer noch eine Stunde im Laden, um meine Technik zu verbessern. Mit der Zeit baute ich zunehmend akrobatische Elemente in meine Auftritte ein, hing kopfüber und freihändig an der Stange oder kam mit Flickflack auf die Bühne. Vom vielen Training waren meine Arme und Beine übersät von blauen Flecken, aber meiner Figur tat die Ackerei echt gut. Diese Zeit war die einzige Phase meines Lebens, in der ich einen Waschbrettbauch hatte. Und nicht nur meine Muskulatur kam auf Hochtouren, auch mein Selbstbewusstsein bekam einen riesigen Schub. Während der verkorksten Beziehung mit Olli hatte ich mich nur noch als graue Maus gefühlt. Mein Zutrauen in meine Wirkung auf andere Menschen war auf einen Tiefpunkt gesunken, und auch meine freche Schnauze war den Prügeleien zum Opfer gefallen. Fremden Leuten gegenüber bekam ich kaum noch den Mund auf.

All das änderte sich nun schlagartig. Ich musste ja wieder reden, mit dem Chef, mit den Gästen oder mit den Tänzerinnen, die mir Klamotten liehen. Und langsam gewann ich meine Mündigkeit zurück. Und dadurch, dass ich offenbar einen guten Job machte, verdiente ich zum ersten Mal in meinem Leben wirklich gutes Geld. Wir wurden immer direkt im Anschluss an eine Schicht ausbezahlt. Es dauerte nicht lange, bis ich für meine Begriffe astronomische Summen Bargeld auf Tasche hatte. Ich weiß noch genau, wie ich mir davon zum ersten Mal »Arbeitskleidung« zulegte. Alle paar Wochen kam ein Vertreter in den Laden, der einen großen Kleiderkoffer voller Tabledance-Klamotten, Show-Outfits und Requisiten dabeihatte, die er uns Mädchen zum Kauf anbot. Bei diesen Shoppingveranstaltungen war immer großes Hallo in der Garderobe. Hier zankten sich zwei um ein Paar Glitzerpumps, dort probierte eine andere ein neues Haarteil aus, die Vierte und Fünfte versuchten beim Verkäufer mit allen erdenklichen Tricks, den Preis zu drücken, und so weiter und so fort. Mir wurde das Geschnatter in der Regel schnell zu viel, so dass ich mit Vorliebe den Betrieb an der Stange aufrechterhielt, auf den in diesen Momenten die wenigsten Kolleginnen Lust hatten. Aber auch ich schoss im Laufe der Zeit die eine oder andere Garnitur. Die erste war ein blaumetallisch schimmernder Mikrobikini mit dazu passenden High Heels und einem Zylinderhut. Sündhaft teuer, das Ganze, aber es kam gut an. Und ich kam mir damit vor wie eine Königin. Wenn ich es recht bedenke, hatte ich dieses Gefühl nicht mehr gehabt, seit ich mit dem blauen Prinzessinnenkleid die Hochzeit von meiner Mutter und Bodo gefeiert hatte. Wie lange war das her? Es fühlte sich an, als wäre es in einem anderen Leben passiert, auf einem anderen Planeten. In gewisser Weise war das auch so. Allein deshalb, weil das *Tutti* ein Planet für sich war. Hier drin herrschten Gesetze, die mir erlaubten, eine Königin zu sein. Draußen warteten jedoch ein letztes Wiedersehen mit meinem Ex sowie Ärger mit der Polizei.

23. Februar 2010 – Allein

Als ich nach einer Woche in meine Wohnung zurück-kehre, gibt es keine Fernsehergeräusche mehr im Hintergrund. Weil es keinen Freund mehr gibt, der fernguckt. Ich hab die Beziehung am Telefon beendet.

»Wenn ich nach Hause komme, möchte ich, dass du aus der Wohnung raus bist«, hab ich gesagt. »Den Schlüssel kannst du auf den Küchentisch legen.«

Dort liegt er tatsächlich. Ohne eine Nachricht, ohne ein Anzeichen, dass es diesen Mann überhaupt je in meinem Leben gegeben hat. Auch wenn ich irgendwie erleichtert bin, fühle ich mich auf einmal sehr einsam. Zum Glück kommt meine Mutter gleich mit Odin vorbei. Es wird dem Hund und mir guttun, wenn wir ein paar Tage für uns alleine haben. Die kahle Stelle an seinem Kopf wächst immer noch. Inzwischen ist sie so groß wie ein Tischtennisball. Aber da Odin sonst keine Beschwerden zu haben scheint und auch die Tierärzte keinen Grund zur Sorge anmelden, will ich deswegen keine Panik schieben. Ich muss erst mal selbst zu Kräften kommen. Und wir haben schon schlimmere Dinge überstanden. Im November sollte ich Odin Vitamintabletten für bessere Abwehrkräfte geben und hab bei den Zutaten übersehen, dass in den Dingern Hefe drin war. Wegen seiner Getreideallergie hat der Hund darauf superempfindlich reagiert. Sein ganzer Kopf schwoll an wie ein Ballon, und er bekam überall rote Pusteln. Ich hab sofort den Veterinärnotdienst gerufen. Zwei Stunden hat es gedauert, bis sie endlich da waren. In dieser Zeit bin ich tausend Tode gestorben aus Angst, Odin könnte einen Allergieschock bekommen. Zum Glück wirkte die Kortisonspritze, die der Tierarzt verabreichte, sofort. 150 Euro hat der Spaß gekostet. Aber das war's mir wert. Hauptsache, mein Hund war wieder gesund. Wir werden auch die kahle Stelle in den Griff bekommen, daran glaube ich fest. Wie war das? Abwarten und Tee trinken? Ich werde versuchen, meinen Minibully in den nächsten Tagen ein bisschen zu verwöhnen. Leider ist es auch diesmal eine Wiedervereinigung auf Zeit. Am nächsten Montag werde ich abgeholt und zur Reha nach Wandlitz gebracht. Die dauert vier Wochen, und Hunde dürfen nicht mit rein. Ich hab extra eine Klinik in der Nähe von Berlin ausgewählt, damit das Band zur gewohnten Umgebung nicht zu stark abreißt, trotzdem werde ich Odin nur am Wochenende sehen können, wenn meine Mutter mit ihm zu Besuch kommt. Dieser Gedanke lässt mein Einsamkeitsgefühl noch stärker werden. Gerade als ich losheulen will, klingelt es an der Wohnungstür. Kurz darauf höre ich das vertraute Hecheln und das Klappern der Pfoten im Flur. Odin!

Polizeieinsatz

Mir war immer klar, dass es nur eine Frage der Zeit sein würde, bis Olli wieder auftauchen würde. Zwar verstummte das SMS- und Anrufgewitter, das ich nach meiner Flucht hartnäckig ignoriert hatte, ziemlich bald, aber Olli war kein Typ, der sich so einfach abservieren ließ. Und da er mich auf seine verquere Weise wahrscheinlich immer noch liebte, wunderte es mich nicht, dass er nach zwei Monaten bei mir auf der Matte stand.

Vielleicht lag es auch nur daran, dass er nach drei nicht gezahlten Mieten aus der Wohnung geflogen war und sich nun in einer ähnlichen Lage befand wie ich vor nicht allzu langer Zeit. Erst wollte ich ihn nicht reinlassen, aber tat es doch. Dann wollte ich ihn nicht bei mir schlafen lassen, aber tat es doch. Schließlich wollte ich ihn nicht länger als eine Nacht in der Wohnung behalten, aber nach drei Nächten war er immer noch da. Ich komme halt sehr nach meiner Mutter – sowohl im positiven als auch im negativen Sinne. Das Beziehungsding war für mich wirklich durch, aber ihn auf die Straße zu setzen und unter der Brücke schlafen zu lassen, brachte ich nicht übers Herz. Also ließ ich ihn bei mir pennen. Und ich ertrug sogar das zeitweilige »Tut mir alles so leid«-Gejaule. Was Olli im Sturm der Gefühle völlig »vergaß« mir zu erzählen: Ihm saßen nicht nur die Geldeintreiber seines ehemaligen Vermieters im Nacken, sondern auch die Polizei. Nach einer heftigen Schlägerei war er wegen

Körperverletzung zu zweieinhalb Jahren Knast verurteilt worden, aber getürmt. Zu mir.

So kam es zu jenem denkwürdigen Nachmittag, an dem es klingelte, ich arglos die Tür öffnete und einer hochgerüsteten Horde Polizisten gegenüberstand, die mich anblafften, wo Olli sei. Mir gefiel weder der Ton noch der Anblick. Ich antwortete instinktiv: »Woher soll ich das wissen?« Im nächsten Moment hatte ich eine Knarre vor der Nase, und ein Bulle grunzte: »Wir wissen genau, dass Sie ihn hier verstecken.«

Dann polterten sie in die Wohnung und stellten alles auf den Kopf. Fünf Minuten später durfte ich mit ansehen, wie drei Polizisten in Einsatzmontur meinen Ex aus dem Bettkasten zerrten, in den er sich spontan geflüchtet hatte. Ich konnte mir nicht helfen: Als er wie das letzte Häufchen Elend aus der Wohnung Richtung Knast geschleift wurde, tat er mir irgendwie leid. Mein Mitleid verging mir allerdings schnell. Erst meckerte der Hausmeister wegen des Polizeieinsatzes rum, dann erzählte er meiner Mutter von der Geschichte, die mich deswegen so zur Sau machte, dass wir uns furchtbar zerstritten. Danach hatte ich die Schnauze voll von der riesigen Wohnung mit ihren zwiespältigen Erinnerungen und dem Hausmeister-Buschfunk nach Lichtenrade und nahm mir auf eigene Faust eine kleine Einzimmerwohnung. Erst danach fühlte ich mich wirklich unabhängig. Olli habe ich nie wiedergesehen.

2. März 2010 –
Zeit des Vergessens

Seit der OP ist mein Bewegungsapparat eingeschränkt, mein Sprachzentrum durcheinander und mein Kurzzeitgedächtnis im Arsch.

Nichts davon ist irreparabel, aber ich muss trainieren, um die genannten Bereiche wieder auf Vordermann zu bringen. Deshalb bin ich in der Reha. Ich bin erst einen Tag hier, aber langweile mich schon jetzt zu Tode. Abgesehen von einem Bahnhof, einer Dorfkirche, einem See und einer ehemaligen Siedlung für SED-Funktionäre gibt es hier nichts zu sehen und zu tun.

Überdies wurde mir beim Aufnahmegespräch erklärt, dass nach einer so schweren OP wie meiner gar keine größeren Aktivitäten erlaubt sind. Die Muskelschwundpatienten, von denen viele im Nebenhaus untergebracht sind, können sich ihre Zeit wenigstens mit Schwimmen oder Fitness vertreiben. Ich dagegen habe zweimal am Tag Motorikschulung und jeweils einmal Gedächtnisschulung und Sprachtraining. Das war's. Der Rest ist Abhängen. Vier Wochen lang. Zum Glück hab ich wenigstens ein Einzelzimmer. Was allerdings interessant werden könnte, ist die Psychotherapie, die im Rahmen der Reha zweimal die Woche angeboten wird. Sie dient eigentlich dazu, den operativen Eingriff und seine Folgen aufzuarbeiten, aber meine Mutter meint, ich soll die Gelegenheit nutzen, auch über meine schwierige Kindheit zu sprechen. Sie hat recht. Seitdem ich damals meine Kinder-

psychologin zum Heulen gebracht habe, hab ich dazuge-
lernt.

Ich erkenne inzwischen, dass ich meine Vergangenheit
aufarbeiten muss, wenn ich nicht irgendwann von ihr über-
rollt werden will. Diese Erkenntnis dürfte der erste Schritt
meiner Heilung sein. Ich werde das bei der Sitzung am Mittwoch ansprechen. Meine Mutter ist seit vier Jahren in Therapie, und sie tut ihr sichtlich gut.

Ich find's schon krass, wie wir immer mehr zu Leidensge-
nossinnen werden. Als ob wir uns nicht schon ähnlich genug
wären, teilen wir jetzt auch die gleichen Krankheitssympto-
me. Seit einer Krebsbehandlung vor einigen Jahren hat auch
meine Mutter mit Wortfindungsstörungen und Gedächtnislücken zu kämpfen. Aus Spaß hab ich mich oft über ihr
schlechtes Kurzzeitgedächtnis lustig gemacht. Jetzt vergesse
ich selbst jeden zweiten Gedanken. Die Telefonate zwischen
meiner Mutter und mir sind inzwischen reif für jeden Come-
dy-Preis.

»Was hattest du gerade gesagt?«

»Ich? Gar nichts, wieso?«

»Alex, du hast gerade zwei Minuten geredet. Und jetzt
willst du mir erzählen, du hättest dabei nichts gesagt?«

»Nee, will ich nicht. Ich weiß nur nicht mehr, worum es
ging.«

»Mach du dich noch mal über meine Gedächtnislücken
lustig.«

»Nie wieder, versprochen?«

»Man soll nie ›nie‹ sagen?«

»Wozu?«

»Äh… Weiß grad nicht. Was hattest du gerade gesagt?«

Okay, das war jetzt etwas übertrieben, aber in Ansätzen
ist es wirklich so. Wir lachen drüber. Ohne Galgenhumor

kommt man in meiner momentanen Situation nicht weiter. Trotzdem werde ich mir morgen beim Gedächtnistraining extra Mühe geben. Wieder mal ein guter Vorsatz. Ich schreib ihn mir lieber auf einen Zettel, sonst hab ich ihn bis morgen wieder vergessen ...

Freaks unter sich

Ich fand schnell meinen Platz in der Tabledance-Familie des *Tutti Frutti*. Auch wenn ich mich nie komplett von ihr vereinnahmen ließ. Ähnlich wie ich mich vom Geschnatter der Kolleginnen bei den Vertreterbesuchen in der Garderobe auf Dauer fernhielt, tat ich es auch im Alltagsbetrieb. Dadurch ersparte ich mir viel Nerventerror. Wie man sich denken kann, brachen bei 15 Weibern, die nachtnächtlich im Evakostüm um die Gunst des Publikums buhlten, öfters Zickenkriege los, und dadurch, dass der Erfolg unserer Arbeit unmittelbar am Zuspruch der Gäste ablesbar war, schwelte unter der Oberfläche viel Neid und Missgunst. Ich entzog mich, indem ich mir meine Vertrauten sorgfältig aussuchte. Es gab Kalle, meinen Chef, mit dem ich ein professionelles, aber herzliches Verhältnis pflegte. Es gab Jeremy, den DJ, einen Schwarzen, der richtig Feuer im Hintern hatte und mit dem ich vor und nach Ladenöffnung manchmal kleine Tanz-Battles veranstaltete. Und es gab Janet, meine lesbische Kollegin, mit der ich auch außerhalb des *Tutti* auf die Piste ging. Sie war eine eher zurückhaltende Type, aber sie war schon ein paar Monate im Geschäft und erklärte mir einige Tricks und Insider-Bräuche. Sie war es auch, die mich zu meinem ersten Besuch im berühmt-berüchtigten *KitKatClub* überredete. In dieser Zeit war es üblich, dass sich Mädels, die Tabledance machten oder Prostituierte waren, nach Feierabend oder in freien Nächten im *Kitty* rumtrieben. Der Laden war schon damals berühmt. Presse und Fernsehen berichteten weltweit über das einmalige Konzept, das Sex und Party, Hippie-Ideale und Zeitgeist vereinte. Das Publikum war international, bestand aus Nackten, Fetisch-Leuten, Schwulen, Lesben und bunt kostümierten Feier-Elsen. Für Sex-TV-Formate wie »Wa(h)re Liebe« und »Liebe Sünde«, die damals Hochkonjunktur hatten, war all das ein gefundenes Fressen, insofern hatte ich den Hype durchaus mitbekommen, trotzdem dauerte es eine Weile, bis ich mich zum ersten Mal überwand, hinzugehen. Ich hatte meine Gründe. Als ich 16 oder 17 war, hatte ich eine erste Begegnung mit dem *KitKat,* die mir eher verstörend als einladend in Erinnerung geblieben war.

Wir gingen damals öfter im *Metropol-Theater* am Nollendorfplatz feiern, das heute *Goya* heißt. Der Laden war früher ein Revuetheater und Kino und wurde in den Achtzigern zur Schöneberger In-Disco. Bei meinem ersten Besuch war ich total von den Socken. Die Säulen, die hohen Decken, die Goldverzierungen – das hatte schon Stil. Irgendwann meinte ein Kumpel beiläufig zu mir: »Unten ist auch noch der *Kit-KatClub,* aber da können wir nicht hin.«

»Wieso'n nicht?«, fragte ich vorlaut. Ich hatte bis dahin weder vom *KitKat* gehört, noch war ich es gewohnt, dass ich irgendwo nicht reinkam. Normalerweise fand sich immer irgendein Weg.

»Ist erst ab 18«, meinte er geheimnisvoll.

»Na und?«, gab ich zurück und war noch im selben Moment wild entschlossen, die vermeintliche Grenze zu übertreten. Mein Kumpel muss mir das angesehen haben.

»Es ist anders, als du denkst«, versuchte er meinen Widerspruchsgeist zu bändigen. »Eine Nummer härter. So richtig mit Fetisch und so.«

Ich sparte mir ein weiteres »Na und?« und beschloss, das Projekt *Grenzüberschreitung* ohne meinen zaudernden Kumpel in Angriff zu nehmen. Bei der nächstbesten Gelegenheit stahl ich mich von meiner Truppe weg und machte mich auf den Weg nach »unten«. Also in den ersten Stock.

Was ich dort durch die leicht beschlagenen Sichtfenster der Eingangstür erblickte, ließ meine trotzige Entschlossenheit in Sekundenschnelle auf ein Mindestmaß zusammenschrumpfen. Hinter der Scheibe nahm ich bizarre Gestalten in Leder und Gummi wahr, die sich gegenseitig die Peitsche gaben oder mitten im Getümmel rumzuvögeln schienen. Ich kam mir vor, als wäre ich am Tor zur Hölle gelandet. Als sich dann auch noch eine mannshohe Domina an mir vorbeischob, die einen auf allen vieren kriechenden Sklaven in Latexklamotten an einer Hundeleine in den Laden führte, war ich bedient. So schnell ich konnte, rannte ich die Treppe wieder hoch und stürzte an die Bar, an der ich mir erst mal einen Schnaps genehmigte.

Auf einmal kamen mir die Säulen des *Metropol* obszön und die Goldverzierungen nicht mehr ganz so strahlend vor. Abgesehen davon, dass ich mich selbst schmutzig fühlte. Vermutlich hätten mich die Eindrücke aus dem Keller noch die ganze Nacht verfolgt, wenn ich nicht zufällig einen flüchtigen Bekannten aus Lichtenrade an der Bar getroffen hätte, der mich mit der zweiten Premiere des Abends auf andere Gedanken brachte. Nach einer kurzen Unterhaltung fragte er mich unvermittelt: »Willst 'ne Pille?«

Bevor ich antworten konnte, hatte er mir den Drops schon in den Mund geschoben und tobte weiter. Danach tauchten die Eindrücke aus dem Keller schnell im Tanzfieber meines ersten Ecstasy-Rausches ab. Dass auf diese erste Pille noch viele weitere folgten, habe ich bereits erzählt. Das *KitKat* hingegen versank erst mal in der großen Schublade mit den Lebenserfahrungen, auf die ich auch hätte verzichten können.

Es holte mich erst wieder ein, als meine Tabledance-Freundin Janet mich nach einer Schicht fragte: »Ich will gleich noch ins *Kitty*, kommst du mit?«

»*Kitty*?«

»*KitKatClub*. Hast du doch bestimmt schon von gehört?«

Und ob ich davon »gehört« hatte.

»Ach, weeßte«, hab ich rumgeeiert. »Ich glaub, der Laden ist nicht so mein Ding. Wollen wir nicht woandershin?«

So ging es eine Weile hin und her. Sie versuchte, mich zu überreden, während ich versuchte, sie auf andere Fährten zu locken, was mir aber partout nicht gelang.

Dass sie mich schließlich doch rumkriegte, lag an einem Geständnis: Sie war selbst noch nie in dem Club gewesen und lediglich neugierig, was dort abging. Jetzt erschien das Projekt *Kitty* in einem neuen Licht. Auf einmal fühlte ich mich Janet um Längen überlegen und sah den Abstecher in die Hölle lebhaft vor meinem inneren Auge ablaufen. Wir würden da kurz hingehen, sie würde die Lederleute und Latexsklaven sehen, erkennen, dass das nicht unsere Welt war, und das Thema *KitKat* wäre ein für allemal gegessen.

»Okay, lass uns gehen«, willigte ich unvermittelt ein.

»Auf einmal doch?«, fragte Janet ungläubig. »Woher kommt denn der Sinneswandel?«

»Du wirst schon sehen«, antwortete ich und war im nächsten Moment damit beschäftigt, aus meinen Arbeitsklamotten ein fetischkompatibles Outfit rauszusuchen. Ja, sie würde schon sehen, was für einer Schnapsidee sie aufgesessen war. Ich würde es ihr zeigen. Denn ich hatte den Durchblick.

Dass es mit meinem Durchblick nicht allzu weit her war,

äußerte sich zuallererst darin, dass ich nicht wusste, dass das *KitKat* inzwischen vom Nollendorfplatz nach Tempelhof umgezogen war. Wir fuhren mit dem Taxi hin. Mein erster Kommentar, nachdem wir den Türsteher hinter uns gelassen hatten, war: »Pfui, hier stinkt's nach Scheiße.«

Natürlich wollte ich damit vor allem meiner Antihaltung Nachdruck verleihen, auf der anderen Seite stimmte es wahrscheinlich sogar. Damals war das *Kitty* noch ein bisschen krasser als heute. Tagsüber wurden dort ab und zu Pornos gedreht, die auch vor Anpinkeln und sogenannten Scat-Spielchen mit Fäkalien nicht haltmachten. Davon wussten wir aber nichts. Stattdessen standen wir an der Bar, nippten spaßfrei an unserem Sekt und glotzten ins Getümmel. Vor uns toste im Rhythmus der Techno-Beats ein Meer aus nackter Haut, entblößten Genitalien, gepiercten Körperteilen, Ledergeschirren und Latexkostümen. Wir waren mit unseren harmlosen Minikleidern definitiv die bravsten Gäste der Party. Und wir waren beide total überfordert. Es war auch kein Zufall, dass wir an der Bar standen und nicht saßen. Weil ich Angst hatte, mich in irgendwelche Körpersäfte reinzusetzen, hatte ich mir vorgenommen, während des gesamten Besuches nirgendwo Platz zu nehmen. Als ich dann auch noch mitbekam, dass fünf Meter entfernt ein nackiger Opa in der Ecke stand und an seiner Piepe rumspielte, wurde ich zusätzlich von der Befürchtung heimgesucht, er könnte uns anspritzen. Schon mal einen Kerl erlebt, der fünf Meter weit spritzt? Ich nicht. Insofern ist dieses Beispiel ein guter Indikator für die irrationalen Ängste, die mich in diesem Augenblick beschäftigten.

Es kam wie eine Erlösung, als Janet nach einer gefühlten Ewigkeit das Schweigen brach und fragte: »Kommst du mit aufs Klo?« Und es war eine mehr als angemessene Maßnahme, dass ich nickte und mir auf der Toilette meine erste Line Kokain mit ihr reinpfiff.

Hätte ich es nicht getan, würde ich vermutlich bis heute an der Bar stehen, und der Stock im Arsch würde mir inzwischen durch den Mund wieder rauswachsen. Dank meines gepuderten Näschens wurde ich dagegen munter und brachte es sogar fertig, ein bisschen zu tanzen. Der eigentliche Eisbrecher aber war ein Gespräch mit zwei Stammgästen. Als ich nach einer kurzen Runde auf der Tanzfläche an die Bar zurückkehrte und ein neues Getränk bestellte – noch immer stehend und noch immer den Reflex niederkämpfend, mir mein Kleid bis zu den Knien hinunterzuziehen –, kam plötzlich von der Seite: »Du bist ja 'ne Süße. Wer bist du denn?«

Als ich den Kopf nach rechts wandte, sah ich mich zwei Typen gegenüber, die mit ihren schwarzen Lederklamotten nicht nur relativ angezogen, sondern auch total nett aussahen. Da ich außerdem vermutete, dass sie schwul waren, mich also nicht anbaggern wollten, fasste ich mir ein Herz: »Ich bin Alex, ich bin heut zum ersten Mal hier, und ich find das alles total krass.«

Das klang zwar nach Vorstellungsrunde in einer Selbsthilfegruppe, aber es war wenigstens die Wahrheit.

»Und warum stehst du so komisch da?«, fragte der eine.

»Äh … Komisch? Was meinst'n damit?«

»Na, du wirkst ziemlich verkrampft«, lautete die Antwort.

Dann fügte der Zweite hinzu: »Du könntest dich ja auch zu uns setzen.«

Mit dieser Aufforderung war der Damm gebrochen. Die Worte kullerten nur so aus mir heraus. Ich erzählte von meinen Bedenken und Vorbehalten, ich erzählte von dem wichsenden Opa und der Nase Koks, ich erzählte sogar von meinem Teenagertrauma aus dem *Metropol-Theater*. Ich redete mich so in Rage, dass ich anfangs gar nicht mitbekam, wie ich mich beim Quatschen doch hinsetzte. Und wie ich die Typen gegenüber plötzlich als Menschen wahrnahm und behandelte, nachdem ich bis jetzt alle Anwesenden außer Janet und mir als Verrückte abgestempelt hatte. Als ich fertig war, passierte etwas Lustiges. Einer der Ledermacker sah mich eine kurze Weile amüsiert an, dann fing er laut an zu lachen und meinte: »Du bist ja 'n Freak.«

Der Fetisch-Hansel nannte *mich* einen Freak. Es gibt wohl keine bessere Möglichkeit, einer Person, der die Vorurteile bis zum Hals stehen, deutlich zu machen, wie standpunktabhängig die Zuschreibung »Freak« ist. Schlagartig wurde mir klar, dass mir nicht einer der Gäste zu nahe gekommen war, dass das Barpersonal bemerkenswert zuvorkommend war und dass sich alle um mich herum zu amüsieren schienen. Die Einzige, die ein Problem hatte, war ich selbst, weil ich das zupackend-exhibitionistische Treiben verurteilte, ohne mich überhaupt mit den Regeln und Hintergründen beschäftigt zu haben. Die beiden Ledertypen, die übrigens wirklich ein schwules Paar waren, erklärten mir dann, wie der Laden lief. Im Barbereich wurde penibel auf Sauberkeit geachtet. Alle Intimitäten fanden stets einvernehmlich statt. Sowohl Gäste als auch Personal achteten darauf, dass niemand angetatscht wurde, der das nicht wollte. Sex wurde hier als vollwertige Kommunikationsform verstanden. Nacktheit und Fetisch-Outfits waren ein Ausdruck von Individualität, und die Dresscodes dienten als Demonstration gegen Modenormen. Mit anderen Worten: Mir wurde ordentlich der Kopf zurechtgerückt. Oder sollte ich »freigepustet« sagen?

Als wir am Ende der Nacht aus dem Club wankten, stand die Mittagssonne bereits hoch am Himmel. Janet hatte mit einer Latexbraut rumgemacht, ich hatte mit meinen schwulen Kumpels gepichelt, alle beide hatten wir getanzt und gefeiert und uns irgendwann selbst über unseren verklemmten Start in das Unternehmen *KitKat* schlappgelacht. Es war ein im wörtlichen Sinne befreiendes Lachen – das mit der Gewissheit endete, dass wir mit Sicherheit wiederkommen würden.

6. März 2010 –
Katerstimmung

Verdammt, ich hab einen Kater. Gestern war ich mit Anna, der einzigen Mitpatientin in meinem Alter, und zwei weiteren Frauen im Dorfkrug. Wir haben Rotwein getrunken. Der Reiz des Verbotenen gegen die Langeweile. Denn natürlich ist Alkohol verboten. Heute verstehe ich auch, warum. Nach zwei Gläsern waren wir voll wie die Haubitzen und haben gelallt, als ob wir eine ganze Schnapsfabrik ausgesoffen hätten. Zu allem Überfluss haben wir auch noch die Zeit aus dem Auge verloren und sind zu spät zurück auf die Station gekommen. Wir mussten klingeln und uns der Nachtschwester erklären. Wir haben ihr irgendwas von »lange aufs Essen warten« und »im Wald verlaufen« erzählt. Dabei gibt's hier gar keinen richtigen Wald. Ganz langsam und deutlich haben wir gesprochen, damit die Schwester nicht merkt, dass wir angeschickert sind. Andererseits waren wir total laut und kicherig. Ob sie wirklich nicht geschnallt hat, was los war, oder es nur nicht schnallen wollte? Keine Ahnung. Verpfiffen hat sie uns zumindest nicht. Und bereuen kann ich den Abend auch nicht. Dazu war's zu lustig. Für ein bisschen Abwechslung nehme ich in Kauf, dass mir der Kopf jetzt zusätzlich zum Grundrauschen brummt. Denn dieses verdammte Grundrauschen hat sich seit der OP noch immer nicht ganz gelegt.

Die Psychostunde am Mittwoch lief ganz gut. Wir haben allerdings vor allem organisatorische Dinge besprochen, statt direkt ans Eingemachte zu gehen. Zuallererst muss festgestellt werden, welche Therapiestufe ich überhaupt brauche. Als ich erzählt habe, dass ich seit meiner Jugend immer mal wieder Selbstmordgedanken habe, war allerdings sehr schnell klar, dass das ein längeres Projekt wird und ich auch nach der Reha weitere Stunden verschrieben bekomme. Die Therapeutin hat mir sogar schon eine Liste mit Praxen in Berlin gegeben.

Ansonsten ist mein Zimmer mittlerweile regelrecht wohnlich. Eigentlich ist es ein typischer trostloser Krankenhausraum. Alles ist weiß und zweckmäßig, aber in Anbetracht der Tatsache, dass ich noch über drei Wochen hier bin, hat meine Mutter mir vorhin ein paar Blümchen vorbeigebracht, ein Bild von Odin aufgestellt und eine Tischdecke hingelegt. Das wirkt sich tatsächlich positiv aus. Wir sind dann noch eine Runde mit dem Hund durch den Ort spaziert. Ich vermute, mit solchen Gängen werde ich mir die freie Zeit, von der ich hier außerordentlich viel habe, in Zukunft häufiger vertreiben. Die ganze Zeit fernzusehen macht mich nur verrückt. Ich hab sogar überlegt, ob ich mir aus der Muskelschwundklinik nebenan Nordic-Walking-Stöcke leihe. Mein Gott, ich bin noch nicht mal eine Woche hier und denke schon über Tischdecken und Nordic Walking nach? Wenn der Alterungsprozess in dem Tempo weitergeht, kehre ich als Oma aus Wandlitz zurück.

Der abgebrochene
Fingernagel

Manche sprechen vom verflixten siebten Jahr, doch die Allianz vom *Tutti Frutti* und mir zerbrach bereits im verflixten siebten Monat. Es ging damit los, dass Kalle vom Nachtleben die Schnauze voll hatte und sich zurückziehen wollte. Sein Sohn hatte keine Lust, den Laden alleine weiterzuführen. Ein neuer Betreiber kam: Ray. Der war so ein bulliger Rockertyp, mit dem ich nicht richtig klarkam. Sein Interesse galt von vornherein mehr den Hardcore-Tussis der Belegschaft als dem gesamten Team. Und da die Hardcore-Tussis gerade diejenigen waren, denen ich aus dem Weg ging, war klar, dass auch meine Beziehung zu Ray oberflächlich blieb.

Das trug nicht unbedingt dazu bei, dass ich lieber zur Arbeit ging, aber es war auch nicht schlimm. Ich konzentrierte mich auf meinen Job an der Stange, und wenn das Geld knapp wurde, frischte ich meine Finanzen mit Private Dances auf. In dieser Reihenfolge. Anders als die Mädels, die ihre Dienstleistung vor allem auf den Zimmern anboten, sah ich meine Hauptaufgabe im Tanzen. Selbst beim Private Dance verbat ich mir Zudringlichkeiten – von den gelegentlichen Tatschereien, die man nicht verhindern konnte, mal abgesehen. Ich kann schon jetzt verraten, dass derartige Prinzipientreue in diesem Job auf Dauer schwer haltbar ist und dass auch ich sie nicht ewig durchhielt. Zu diesem Zeitpunkt war mir aber die Trennung zwischen Tabledance und Prostitution sehr wichtig. Deshalb störte mich auch das Gerede von »unserer Nutten-Mannschaft«, das sowohl Ray als auch manche Kolleginnen vom Stapel ließen.

Eine davon war Michelle. Die tanzte so gut wie gar nicht, sondern gewann ihre Kunden dadurch, dass sie sich direkt zu ihnen an den Tisch setzte und kurz darauf mit ihnen aufs Zimmer verschwand. Michelle und ich kamen uns kaum in die Quere, waren uns aber auch nicht besonders sympathisch. Hinzu kam, dass Michelle die Angewohnheit hatte, alle Kolleginnen vor und nach Ladenschluss als »Nutte« oder »Hure« anzusprechen. Sie meinte das kumpelhaft, aber mich brachte es jedes Mal zum Kochen. Allerdings ließ ich mir das nicht anmerken – bis zu jener denkwürdigen Nacht im September 2003, in der sich meine Abneigung gegen das Nutten-Gerede einen schlagkräftigen Weg an die Oberfläche bahnte. Und damit meine Zeit im *Tutti Frutti* ein jähes Ende fand.

Aber eins nach dem anderen: Durch das Tanzen hatte sich mein Körpergefühl enorm verbessert. Das hatte unter anderem zur Folge, dass ich wieder stärker auf mein Äußeres achtete. Dadurch, dass ich endlich mal genug Geld hatte, um zum Friseur und ins Nagelstudio zu gehen, tat ich beides regelmäßig. Meine Fingernägel waren immer aufs Feinste manikürt, meine Haare hatten alle paar Wochen eine andere Farbe. Nach mehreren Monaten war Schwarz an der Reihe. Ich hatte mir über die Farbe nicht viel Gedanken gemacht. Sie war einfach länger nicht dran gewesen, und falschliegen konnte man mit ihr eigentlich nicht. Eigentlich! Denn in diesem Fall hatte sie einen unerwünschten Nebeneffekt. Der fiel mir allerdings erst auf, als ich eine Woche nach dem Friseurbesuch bereits mehrfach mit Michelle verwechselt wurde. Wir waren in etwa gleich groß, wir hatten beide Kurzhaarfrisuren, und jetzt hatten wir auch noch die gleiche Haarfarbe. Ich wollte es mir eine Weile nicht eingestehen, aber im roten Schummerlicht der *Tutti*-Lampen war die Verwechslungsgefahr tatsächlich enorm.

So geriet ich eines Nachts an einen attraktiven, aber etwas schleimigen Typen, der mich beim Tanzen die ganze Zeit wie hypnotisiert beobachtet und anschließend auf einen Piccolo eingeladen hatte. Über sein »Ich wusste gar nicht, dass du auch so schön tanzen kannst« machte ich mir keine großen Gedanken. In Tabledance-Bars gehören unbeholfene Komplimente und plumpe Vertraulichkeiten nun mal zum Tagesgeschäft. Auch sein »Ich wollte schon lange wiederkommen« und »Heute siehst du aber besonders klasse aus« ordnete ich in die Kategorien »verwirrter Stammgast« oder »heimlicher Fan« ein. Es gab immer wieder Männer, die es erst beim dritten Besuch wagten, Tänzerinnen anzusprechen. Wir wollten sie nicht verschrecken, indem wir sie als Fremde behandelten. Stattdessen stiegen wir dann auf ihre Annäherungsversuche ein und entlockten ihnen durch indirekte Fragen die Informationen, von denen sie sich einbildeten, dass wir sie schon wissen müssten. In diesem Fall hatte ich nach einer Viertelstunde Smalltalk herausgefunden, dass der Typ Gerd hieß, dass er sich den Besuch im *Tutti* nur alle paar Monate leisten konnte und dass er mir offenbar schon mal einen ausgegeben hatte. Irgendwann kam die unvermeidliche Frage: »Würdest du mit mir nach oben gehen?«

Für eine Flasche Sekt, die wir mit aufs Zimmer nahmen, und 40 Euro Vorkasse willigte ich ein. Ein Fehler. Sobald wir allein waren, verwandelte sich seine tollpatschige Schwärmerei in Notgeilheit. Schon nach dem ersten Anstoßen fing er an, mein Knie zu streicheln. Auch das war ich gewohnt. Ich entzog mich dem Getatsche, indem ich aufstand und anfing zu tanzen. Im nächsten Moment waren seine Hände aber an meinen Brüsten und zwischen meinen Beinen. Ich schob ihn mehrfach entschieden weg. Als das nicht half, sagte ich: »Pass auf. Entweder du lässt das Gegrabsche oder wir brechen den Private sofort ab.«

Er hob die Hände hoch wie ein auf frischer Tat ertappter Gauner, grinste undurchsichtig und ließ ein erregtes »Wow« hören. Dann trank er einen Schluck Sekt, griff kurz darauf wieder nach mir und sagte, sobald er merkte, dass ich ihn abwehrte: »Was ist denn los mit dir? Beim letzten Mal hast du dich doch auch nicht so geziert.«

»Beim letzten Mal?«, erwiderte ich gereizt. »Welches letzte Mal denn?«

»Vor drei Monaten?«, fragte er lüstern lächelnd. »Gleicher Flur? Zimmer gegenüber?«

Jetzt dämmerte es mir. Eigentlich hatten die Mädchen im *Tutti* keine festen Räume, weil Michelle aber sehr viel Zeit hier oben verbrachte, war der Raum gegenüber mehr oder weniger zu ihrem Stammzimmer geworden. Nun war offensichtlich, dass eine Verwechslung vorlag. Trotzdem wollte ich Gerd eine letzte Chance geben.

»Glaub mir, wir zwei waren noch nie gemeinsam hier oben«, meinte ich. »Also: Benimm dich, oder wir brechen ab.«

Wieder die erhobenen Hände. Wieder das lüsterne Lächeln. Und eine Minute später ein gezielter Griff zwischen meine Beine. Das reichte. Ich sprang zur Tür, rannte durch den Flur die Treppe hinunter bis zur Bar. Da saß Ray, dem ich berichtete, was passiert war. Während ich noch redete, kam Gerd schon hinterher und spulte erneut seine Litanei vom »letzten Mal« und »nicht so geziert« ab.

»Noch mal«, wurde ich deutlich. »Ich bin noch nie mit dir nach oben gegangen. Und wenn es so wäre, hätte ich es garantiert nicht noch mal getan.«

Aus den Augenwinkeln nahm ich wahr, wie Ray links hinter mir aufstand. Ich erwartete, dass er gleich etwas Vermittelndes sagen würde, wie er es in Situationen wie diesen normalerweise tat.

Doch bevor er Atem geholt hatte, erklang auf der anderen Seite eine weibliche Stimme. Sie flötete: »Da haben wir ja meinen Lieblingsgast. Dich hab ich hier aber lange nicht mehr gesehen, Gerd!«

Mein Kopf flog nach rechts. Da stand Michelle.

»Scheiße, ich hätte es wissen müssen«, zischte ich.

»Aber das ist doch …«, stammelte Gerd.

»Kann ich euch irgendwie helfen?«, fragte Michelle.

Danach forderte jeder ein, was ihm wichtig war. Ray versuchte, Gerd zu besänftigen und zum Bleiben zu bewegen; Michelle bezichtigte mich, ihr die Kunden wegzuschnappen; Gerd wollte als Ersatz mit ihr aufs Zimmer gehen, aber nicht ein zweites Mal zahlen; und ich weigerte mich, meine Vorkasse herauszurücken. Am Ende sprach Ray ein Machtwort, und alle bekamen, was sie wollten. Außer mir. Stattdessen sollte ich meine 40 Euro an Michelle abtreten und die Sache auf sich beruhen lassen. Ich dachte, ich spinne. Als die Kollegin im Weggehen auch noch demonstrativ dem Chef zuraunte »Mit Alex würde ich aufpassen, Ray, die ist schlecht fürs Geschäft«, platzte mir der Kragen.

»Wie war das?«, brüllte ich ihr hinterher.

»Halt's Maul, du Nutte«, drehte Michelle sich zu mir um. »Du hast schon genug Schaden angerichtet.«

Bamm! In diesem Moment traf eine ungebremste Ohrfeige ihr Gesicht. Im nächsten Moment eine weitere. Und im übernächsten fiel mir auf, dass mir beim zweiten Schlag einer meiner frisch manikürten Fingernägel abgebrochen war. Das machte mich so wütend, dass ich zusätzlich hysterisch nach ihr trat. Michelle rannte aufgebracht weg und rief unentwegt: »Die Nutte dreht durch, die dreht völlig durch.« Ich wollte ihr hinterherjagen, doch Ray packte mich und schleifte mich in die Garderobe. Dort setzte er mich gehörig auf den Pott. Aber das ließ ich mir nicht gefallen. Ich arbeite doch auch nicht für lau.

Das war's mit dem *Tutti Frutti* und mir. Eigentlich schade. Der Laden hat mir wesentlich mehr gegeben als den Fingernagel, den er mir genommen hat. Trotzdem kam der Abgang zur richtigen Zeit. Hinter dem verlebten Retro-Charme toste bereits die *Rush Hour*.

24. März 2010 –
Schwip Schwap

Heute war mein Onkel zu Besuch. Wahnsinn, dass er es doch noch geschafft hat. Er ist damit einer der tapferen vier, die den Weg nach Wandlitz gefunden haben, um mich in der Reha zu besuchen. Meine Mutter war regelmäßig hier, eine Freundin von der Arbeit und Kulle, der Ex meiner Schwester, bei dem ich kurz vorm Niedergang des Jahrtausends gewohnt habe. Mein Opa, meine Cousins, mein Chef – Fehlanzeige. Offenbar halten sie es alle nicht für nötig, ein bisschen Anteilnahme zu zeigen. Mich macht das sehr nachdenklich. Seit Anna, die gleichaltrige Mitpatientin, vor zwei Wochen entlassen wurde, bin ich auf mich allein gestellt. Keine Saufausflüge in den Dorfkrug mehr, keine Zerstreuung, keine Verbündete. Nur noch die alten Damen und ihre Krankheitsgeschichten, das Reha-Programm und die Besuche der tapferen vier.

Mein Onkel hat mir *Schwip Schwap* mitgebracht, weil das in der Kindheit immer mein Lieblingsgetränk war. Eine schöne Geste. Aber sie führt mir auch vor Augen, wie lange die Zeit her ist, in der wir wirklich etwas voneinander wussten. Viel zu sagen hatten wir uns nicht. Zwischendurch lag eine gewisse Beklemmung im Raum. Trotz des Sprachtrainings hab ich noch immer Probleme mit dem Reden. Wenn ich aufgeregt bin, fange ich an zu stottern. Außerdem vertausche ich ständig Wörter. Wenn ich »Bauch« sagen will, sage ich »Rücken«, wenn ich »oben« meine, sage ich »unten«, und immer wieder blei-blei-blei-bleibe ich auf verschiedenen Silben hängen. Manchmal kommt es mir so vor, als hätten sie mir bei der OP einen Katalysator eingebaut, der meine Gedanken ins Gegenteil verkehrt, sobald ich sie aussprechen will. Mein Onkel ist lässig darüber hinweggegangen. Er ist ein lustiger, geselliger Typ. Man kann gut mit ihm lachen. Dafür hab ich ihn als Kind geliebt. Mit seinen Sprüchen hat er den Reha-Besuch aufgelockert. Doch hinter den Witzen war eine Sprachlosigkeit spürbar, eine Angst, die Wahrheit auszusprechen, nachzufragen, wie es mir wirklich geht. Als wir uns verabschiedet haben, hatte ich das Gefühl, als ob wir den gesamten Besuch über geredet, aber nichts gesagt hätten. Zugegeben ein Gefühl, das ich auch schon vor der Operation und vor der Reha mit manchen Menschen hatte. Vielleicht hab ja nicht nur ich diesen Katalysator im Gehirn, alle haben ihn. Quatschen wir nicht ständig mit großen Worten und lockeren Gesten um das Wesentliche herum? Weil das Wesentliche viel zu unbequem wäre oder zu beängstigend? Oder weil wir die Wahrheit eigentlich gar nicht hören wollen? Natürlich hätte ich gerne mal von meinem Onkel erfahren, was er eigentlich über unsere Familiengeschichte denkt. Weiß er eigentlich, was in der Zeit mit Bodo bei uns zu Hause abgegangen ist? Weiß er, was ich in den letzten Jahren so getrieben habe? Ist er ein Vertrauter oder ein Fremder? Ich ahne die Antwort, aber wirklich bereit, sie zu hören, bin ich offenbar noch nicht. Sonst hätte ich doch gefragt, oder?

Vielleicht bin ich aber auch einfach nur zu lange alleine gewesen. Vielleicht ist es gut, dass ich am Freitag entlassen werde und die Zeit mit mir selbst langsam ein Ende nimmt. Endlich wieder handeln, anstatt um die eigenen Gedanken zu kreisen. Die Welt neu erfinden, anstatt ihr den Rücken zuzuwenden. Großes Leben statt großer Langeweile. Ein bisschen Schiss hab ich. Hoffentlich bin ich dem großen Leben überhaupt noch gewachsen. Ich trinke einen Schluck *Schwip Schwap*. Er schmeckt sauer und süß und erfrischend. Fast wie früher. Aber da ist auch ein bitterer Beigeschmack. Gab es den auch schon in der Zeit, als ich noch nicht in Frage gestellt habe, dass mein Onkel ein Vertrauter ist? Ich bin nicht sicher. Vielleicht haben sie die Rezeptur geändert.

Nothing Else Matters

Ich ging nicht alleine. Nachdem ich im *Tutti Frutti* gekündigt hatte, ging Janet ebenfalls. Auch sie war mit dem neuen Chef nie richtig warmgeworden und suchte ohnehin nach einer Veränderung. So zogen wir gemeinsam los, um einen neuen Arbeitgeber zu finden. Unsere erste Station war das *Tabu* in Charlottenburg, ein High-Tech-Laden mit allem Pipapo. Dort war man ständig auf der Suche nach neuen Girls deshalb konnten wir sofort loslegen. Ausgehalten haben wir es aber nur zwei Wochen. Nach der kuscheligen Enge unserer ehemaligen Arbeitsstätte war uns die Massenabfertigung der neuen Bar zu seelenlos. Es fehlte das Gefühl, und – wie ich bereits erwähnte – ohne Gefühl tanzt es sich nicht gut. Also zog die Zwei-Frauen-Karawane weiter zum Ku'damm. Da haben wir kurzzeitig im *Big Eden* angeheuert, einer Disco-Legende, die in den 70er Jahren von Nachtclubkönig Rolf Eden gegründet worden war und inzwischen unter neuer Leitung mit Nacktbedienung, Miss-Wahlen, aber auch mit Männer- und Frauenstriptease ihrem eigenen Mythos hinterherhechelte. Hier schafften wir nicht mal zwei Wochen. Vielmehr wussten wir schon nach dem ersten Abend, dass der Laden nicht unser Ding war. Danach kamen ein paar weitere Anläufe und Absagen bei mehr oder weniger grottigen Nachtclubs, bis wir eines Abends in der Gottlieb-Dunkel-Straße 19 in Tempelhof landeten. Hier hatte im September 2002 eine Tabledance-Bar eröffnet, die sich seither einen guten Ruf beim Publikum und in der Szene erarbeitet hatte: das *Rush Hour*.

Als wir an einem nebligen Herbstabend bei der Location ankamen, waren Janet und ich längst ein eingespieltes Team. In unseren Taschen warteten unsere eigenen Outfits und unsere eigene Musik auf ihren Einsatz, unsere Körper vibrierten vor Tatendrang. Wir hatten schon vorher geahnt, dass wir im *Tutti* eine harte, aber gute Schule durchlaufen hatten. Diese Vermutung war nach all dem Mittelmaß, das wir in den letzten Wochen an den Stangen und Tresen der unterschiedlichen Berliner Striplokale gesehen hatten, zur Gewissheit geworden. Dementsprechend strotzten wir vor Selbstbewusstsein.

Wir marschierten an die Bar und verlangten den Chef. Während wir warteten, ließ ich meinen Blick durch den Laden schweifen. Das Interieur war modern, ohne ungemütlich zu sein, die Lichtanlage effektvoll, ohne die Aufmerksamkeit von der Bühne abzulenken. Ich fühlte mich spontan wohl. Was mir allerdings nicht besonders gefiel, waren die müden Hip-Hop-Beats, die aus den Boxen blubberten und der lustlose Hüftschwung der Tänzerin, die die ganze Zeit um die Stange herumscharwenzelte, ohne sie in ihre Choreographie mit einzubeziehen. Ich stieß Janet in die Seite und meinte: »Das können wir ja wohl besser, oder?«

Sie nickte und sagte: »Klarer Fall von Überqualifizierung.«

Dann stand auf einmal Isi vor uns. Er war der Gründer und Besitzer des Ladens und scannte uns schon bei der Begrüßung von oben bis unten ab. Ich begann sofort, meine erfolgserprobte Story von den zwei Tänzerinnen auf der Suche nach Arbeit runterzurattern, die in jedem zweiten Satz darauf verwies, wie talentiert und toll und erfahren wir waren.

Es ging weiter damit, dass wir viel Gutes über diesen Laden gehört hatten und uns vorstellen könnten, mit unserem individuellen Stil zu seinem Erfolg beizutragen. Den Abschluss bildete eine erneute unbescheidene Beteuerung unserer Klasse: »Du kannst mir glauben: Wir sind echt gut.«

Dazu nickte Janet energisch und bekräftigte das Ganze mit ihrem einzigen Redebeitrag der Vorstellungsrunde: »Ja, das stimmt. Wir sind echt gut.«

Cut! Vorhang! Time-out! Das war das Ende der Bewerbungsshow, die uns als perfektes Duo aus laut und leise, frech und artig, kurz- und langhaarig präsentierte. Isi schien unser aufgeblasenes Selbstbewusstsein zu amüsieren. Er lächelte belustigt, überlegte kurz und meinte dann: »Na, wenn das so ist … Dann zeigt doch gleich mal, was ihr könnt.«

Vermutlich hatte er erwartet, uns mit dieser Aufforderung zu überrumpeln oder aus dem Konzept zu bringen, doch das Gegenteil war der Fall. Auf genau diese Worte warteten wir.

»In Ordnung«, erwiderte ich. »Aber wir würden gerne unsere eigenen Outfits und unsere eigene Musik benutzen. Geht das?«

Wieder grinste er und zuckte mit den Schultern: »Klar, warum nicht?«

Eine Viertelstunde später war Schluss mit Hip-Hop-Geblubber. Auf die CD, die ich dem DJ über den Tresen reichte, hatte ich zwei Elektronummern und als Abschluss *Nothing Else Matters* von Metallica gebrannt. Das bedeutete: High-Energy-Techno mit einem Metal-Balladen-Finale. Perfekt, um die Bandbreite meiner Tanzkunst zu zeigen und mich voll in der Musik zu verlieren. Der Tag, an dem mich Ray rausgeschmissen hatte, lag inzwischen drei Wochen zurück. Ich war regelrecht hungrig nach der Action auf der Bühne. All die Energie, die ich in der letzten Zeit nicht hatte loswerden können, entlud sich in diesem Tanz. Ich hab echt Ballett an der Stange gemacht, das meinen vollmundigen Versprechungen gerecht wurde. Anders als an meinem ersten Abend im *Tutti* war ich perfekt trainiert. Außerdem wusste ich, was ich tat. Das merkte auch Isi. Noch während ich tanzte, bekam ich mit, dass er zur Bühne vorkam, immer wieder begeistert applaudierte und mir bei besonders gewagten Moves sogar Dollars zusteckte. Eine bessere Bestätigung gibt's nicht. Als die letzten Takte von *Nothing Else Matters* verklungen waren, sah ich in zwei strahlende Gesichter (Janets und Isis) und sechs Leichenbittermienen. Die anderen *Rush*-Grazien hatten meine High-Energy-Show mit angewiderter Zurückhaltung beobachtet. Ihre Gesichter wurden noch länger, als der Boss lachte: »Geil, so was hab ich hier noch nie gehabt. Wenn du bei uns anfängst, haben wir eine neue beste Tänzerin im Haus.«

Sosehr mir diese Worte schmeichelten, so deutlich spürte ich, wie sie die Feindseligkeit im Raum schürten. Dass ich mir das nicht nur einbildete, bewies eine Szene, wie ich sie normalerweise nur in schlechten Filmen erwarten würde. Als ich die Bühne räumte, rauschte eine der Leichenbitter-Grazien an mir vorbei und quakte lauthals: »Neue beste Tänzerin? Das werden wir ja sehen. Dir werd ich zeigen, wie man tanzt.«

Ich war so perplex, dass ich nicht antwortete. Als der »Drohung« allerdings ein paar Sekunden später das alte Hip-Hop-Geblubber und ein schlaffer Hüftschwung folgten, konnte ich mir ein Lachen nicht verkneifen. Dann war auch schon Isi neben mir und fragte, wann ich anfangen könnte. Ich antwortete mit einem Blick auf Janet: »Sobald sie das Vortanzen überstanden hat.«

Genau das passierte eine knappe Stunde später. Auch Janet

konnte Isi mit ihrem zurückhaltenden Tanzstil und ihrer bedächtigen Eleganz überzeugen. Wir waren gebucht. Und es fühlte sich zum ersten Mal, seit sich die Zwei-Frauen-Karawane in Bewegung gesetzt hatte, genau richtig an. Am Ende der Nacht prostete ich meinem neuen Arbeitsplatz mit Schampus zu. Dass ich ihm ganze neun Jahre treu bleiben würde, ahnte ich damals genauso wenig wie die Zukunftsträchtigkeit der Getränkewahl. Meine Champagner-Jahre waren angebrochen.

1. April 2010 –
The Show Must Go On

Meine erste Schicht nach der Reha trete ich mit gemischten Gefühlen an. Seit sechs Tagen bin ich aus Wandlitz zurück, die OP ist knapp acht Wochen her. Ich weiß, dass es zu früh ist, um wieder arbeiten zu gehen, aber ich beiße die Zähne zusammen. Erstens brauche ich Geld, zweitens fällt mir zu Hause die Decke auf den Kopf. In den letzten Tagen bin ich ständig mit Odin nach draußen geflüchtet, weil in meiner Wohnung immer noch mein Ex herumzugeistern scheint. Außerdem erinnert mich jede Schublade, die ich öffne, und jede Mahlzeit, die ich mir zubereite, daran, wie viel leichter mir alles fiel, als ich noch nicht von der Gehirn-OP gezeichnet war. Immerhin genießt Odin unsere Zweisamkeit und fühlt sich sichtlich wohl. Ich habe sogar das Gefühl, auf der kahlen Stelle an seinem Kopf wächst das Fell langsam wieder nach. Vielleicht war der Haarausfall ja eine Reaktion auf meine eigene Krankheitsgeschichte. Hunde sollen bei so was ja sehr feinfühlig sein. Ich werde mich nächste Woche beim Tierarzt erkundigen, ob das möglich ist. Auch Tierarztbesuche sind ein guter Grund, aus dem Haus zu gehen und den Normalbetrieb wieder aufzunehmen. Es kommt mir vor, als müsste ich alle Schauplätze meines alten Alltags neu entdecken. Allen voran das *Rush*. Der Club war mein erster Anlaufpunkt nach der Rückkehr nach Berlin. Ich bin gleich am Samstag hingegangen. Als Isi mich sah, hat er sich entschuldigt, dass er sich nicht gemeldet hat.

Er sagte, sein Vater sei an Krebs gestorben und er erträgt keine Krankenhäuser. »Schon okay«, hab ich geantwortet. Was sollte ich auch sagen? Ich war ja nicht da, um Mitleid einzufordern, sondern um zu fragen, ob ich nach der langen Pause wieder einsteigen kann. Er war gleich dabei und meinte: »Wenn du willst, sofort.«

»Cool, allerdings muss ich dir eins sagen«, hab ich geschluckt. »Ich werde nie wieder tanzen können.«

Es fiel mir unglaublich schwer, diese Worte auszusprechen. Sieben Jahre lang war das Tanzen meine Art, mich auszudrücken. Ich hab dafür gelebt und gebrannt. Damit war jetzt Schluss. Wenn die Ärzte mir eines kategorisch eingebleut haben, dann Folgendes: keine übertriebene Verausgabung, keine hektischen Bewegungen, keine unnötigen Erschütterungen. Das bedeutet im Klartext: kein Tabledance. Isi reagierte mit leichter Bestürzung auf meine Ansage. Aber auch mit Pragmatismus. Er sagte, wir kriegen da schon was hin. Nach kurzem Nachdenken meinte er, er könne sich mich gut am Einlass vorstellen. Die Gäste kennen mich, ich bin nicht auf den Mund gefallen und gehöre sozusagen zum Inventar. Beste Voraussetzungen für die Tür. Da sitze ich jetzt. Wir haben ein Festgehalt ausgehandelt. Hinzu kommen Trinkgelder und die eine oder andere Provision, falls ein Stammgast einen Piccolo springen lässt. Was an der Tür natürlich eher selten passiert. Abgesehen davon, dass ich auf dem Job sowieso erst mal keinen Alkohol trinken werde. Das *Rush* ist nicht die Dorfkneipe in Wandlitz, und Arbeit ist nicht Reha. Hier kann ich es mir nicht leisten, nach zwei Gläsern rumzulallen wie die letzte Schnapsdrossel. Schon gar nicht an der Tür, wo eine gewisse Souveränität und Autorität zur Aufgabe gehört. Es reicht mir schon, dass ich in ruhigen Phasen immer wieder todmüde werde und zwischendurch wegknicke. Vorhin musste mich der Kollege anstubsen, weil ich im Sitzen eingepennt bin. Ich bin halt noch nicht hundertprozentig fit. Sie haben hier aber alle Verständnis. Nachdem ich mit dem Boss geredet hatte, hab ich der ganzen Mannschaft von der Tumorgeschichte erzählt. Das musste sein. Allein damit sie Bescheid wissen, falls ich mal einen epileptischen Anfall bekomme. Theoretisch kann das jederzeit passieren. Es lässt sich nicht steuern. Ich kann nur versuchen, durch ausreichend Ruhe und die Vermeidung von Aufregung die Wahrscheinlichkeit zu mindern. Ansonsten muss ich langsam, aber sicher mein Belastbarkeitslevel steigern. Momentan strengen mich sogar längere Unterhaltungen an. Als ich den Kollegen vom Krankenhaus und der Operation erzählt habe, bin ich relativ bald ins Stottern gekommen und musste eine Pause einlegen. Alle haben ganz betroffen geguckt und wussten nicht, was sie sagen sollten. Zum Glück hab ich einen schwarzen Humor und kann solche Situationen mit selbstironischen Sprüchen entkrampfen.

»Nun guckt nicht so belemmert«, sage ich dann. »Freut euch lieber. Das *Rush* ist garantiert der erste Tabledance-Laden Deutschlands mit einem behinderten Maskottchen.«

Oder ich zeige meine Narbe und lache: »Eigentlich sollten sie mir da einen Reißverschluss einsetzen. Haben sie vergessen. Aber vielleicht tätowier ich mir bald einen.«

Im Prinzip mache ich das Gleiche, was mein Onkel bei seinem Schwip-Schwap-Besuch in der Reha gemacht hat. Ich lockere die Atmosphäre, indem ich den Leuten die Lizenz zum Lachen gebe. Es ist niemandem damit geholfen, wenn ich einen auf Trauerkloß mache. Schon gar nicht mir selbst. Ich will hier nicht als Pflegefall behandelt werden. The Show must go on. Den Gästen erzähle ich nach Möglichkeit gar nichts von der Krankheit. Viele fragen natürlich, wo ich so lange war oder warum ich heute nicht tanze. Dann ziehe ich reflexartig die Kappe, die meine Narbe verdeckt, etwas tiefer und erzähle ihnen irgendein dummes Zeug von Tabledance-Rente oder zweiter Karriere als Security-Stripperin. Die bittere Wahrheit hat in diesem Geschäft nichts verloren. Und nur, weil ich ihr ungewollt ein bisschen länger in die Augen gesehen habe, als mir lieb ist, habe ich nicht vor, das zu ändern. Also wahre ich den schönen Schein so gut es eben geht. Fast kommt es mir vor, als ob diese Form von Contenance anstrengender ist als mein Job früher. Beim Tanzen konnte ich mich wenigstens fallenlassen und musste mich nicht die ganze Zeit konzentrieren. Außerdem war ich die ganze Zeit in Bewegung und hatte gar keine Gelegenheit, wegzupennen. Ich kann nicht verhehlen, dass ich Sehnsucht nach der Stange habe. Jedes Mal, wenn ich einem Gast die Tür zum Club aufhalte und das Wummern der Beats nach draußen dringt, würde ich am liebsten mit ihm mitgehen. Aber dann fällt die Tür zu, und ich bin wieder abgeschnitten von meinem Element wie ein Fisch vom Wasser. Was hatte Kalle aus dem *Tutti Frutti* damals nach meinem ersten Tanz gemeint?

»Du willst an die Stange? Dann bleib da. Genau da gehörst du hin.«

Und was macht man, wenn man da, wo man hingehört, nicht mehr mitmachen darf? Muss ich mal drüber nachdenken. Dafür hab ich an der Tür genug Zeit.

La Dolce Vita

Unser furioser Einstand im *Rush* blieb nicht ohne Folgen. Schon nach wenigen Wochen war Hip-Hop so gut wie völlig aus den Musiklisten des DJs verschwunden, und die meisten Mädels tanzten Techno. Die Veränderung war nicht nur der Erkenntnis geschuldet, dass man zu Techno besser tanzen kann, sie war auch eine Frage der Konkurrenz. Neben Isi sprangen auch die Gäste auf meine Show und meine Art zu tanzen an. So bestätigte sich Isis Prophezeiung, dass ich die »neue beste Tänzerin im Haus« werden würde, auch dahingehend, dass ich den besten Umsatz machte und die meisten Champagnergäste hatte. Und genau das wollten alle. Darum eiferten die anderen Tänzerinnen meinem Stil schon aus geschäftlichen Gründen nach. Bald fragten mich ein paar der Mädels, die in der ersten Nacht noch feindselig geglotzt hatten, ob ich ihnen nicht ein paar Griffe an der Stange beibringen könnte. Natürlich hätte ich gekonnt, aber ich hab's nicht getan. Dafür kannte ich das Geschäft mittlerweile zu gut. Ich wusste, dass Tabledance-Läden Stutenbisshöhlen waren. Unter den Frauen herrschte purer Neid, und im Kampf um die Gäste war jedes Mittel heilig. Der Vorfall mit Michelle und Gerd war nur ein Beispiel von vielen, die mir diese Tatsache vor Augen geführt hatten. Warum hätte ich also Nachhilfelehrerin spielen sollen? Im Zweifelsfall hätte das nur dazu geführt, dass mir meine »Schülerinnen« den Rang abgelaufen und mich am Ende mit höhnischem

Lachen und Stinkefinger überholt hätten. Ein solches Szenario musste ich nicht sehenden Auges heraufbeschwören. Außerdem hatte ich keine Ambitionen, zum Besatzungsliebling zu werden. Wie schon im *Tutti* hatte ich meine Barfrauen, mit denen ich super klarkam, ich verstand mich mit dem DJ und dem Chef, und für den Rest hatte ich Janet. Dem Gezicke drumherum ging ich aus dem Weg. Logischerweise hatte ich deswegen sehr bald den Ruf, arrogant zu sein. Ich selbst sah meine Herangehensweise eher als einzig sinnvolle Überlebensstrategie. In einem System der Egoisten kann man nur mit eigenem gesunden Egoismus bestehen. Ich hatte mir meine Fähigkeiten hart und eigenständig erarbeitet. Warum sollten das die anderen nicht auch tun? Zumal ich auch ohne Tanzstunden nach Feierabend mehr als ausgelastet war.

In meinen ersten *Rush*-Jahren hab ich richtig geackert. In extremen Phasen arbeitete ich zehn Tage am Stück durch, der Normalfall waren sechs Tage in der Woche, in denen es hieß: 20.30 Uhr in der Garderobe auflaufen, 21 Uhr zum ersten Tanz antreten und von da an bis sechs oder sieben Uhr morgens zwischen Stange und Tischen, Champagner-Dates und Private Dances hin und her schießen. Am Wochenende dauerten die Schichten häufig bis zehn oder elf Uhr morgens. Da stiegen richtig geile Partys, bei denen wir gar nicht planmäßig hätten schließen können, weil der kleine Laden um sechs Uhr morgens immer noch proppenvoll war. In solchen Schichten mit Überlänge war es keine Seltenheit, dass ich fünf, sechs Flaschen Champagner in einer Nacht plattmachte. Saufen gehört ja zum Job. Kolleginnen, die nicht trinkfest genug waren, plumpsten in den Morgenstunden auch gerne mal von der Stange oder hinter die Bühne. Mir passierte das zum Glück nur einmal. Beim wahnwitzigen Versuch, eine doppelte Stangenumdrehung mit einer Dom-

Pérignon-Pulle in der Hand hinzubekommen, stürzte ich im wortwörtlichen Sinne ab. Zu dem Zeitpunkt war ich aber schon so drüber, dass es auch egal war. Für Schmerzen war ich zu besoffen, um mich zu schämen ebenfalls. Also lag ich mit der Pulle in der Faust auf der Bühne und lachte mich schlapp, wofür mir ein Gast sogar noch zwanzig Dollar zusteckte. Darauf musste natürlich auch wieder angestoßen werden. Also wurde weitergepichelt. Mein Chef amüsierte sich über mein enormes Fassungsvermögen. Wenn neue Türsteher im Club anfingen, sagte er zu denen: »Wir sind für unser hartes Auswahlverfahren bekannt. Wer bei uns anfangen will, muss erst mal Alex unter den Tisch saufen. Das bekommen aber wirklich nur die ganz harten Burschen hin.«

Das war natürlich Spaß, aber es war auch nicht völlig abwegig. Neben den exzessiven Schichten gab es ja auch noch das Privatleben. An normalen Tagen sah das so aus: Ich ging in den Morgenstunden nach Hause, schlief bis zum frühen Nachmittag und verbrachte die freien Stunden bis zur Schicht mit Rumhängen, Shoppen und Freizeit-Action. Im Winter ging ich mit Janet ins Kino, im Sommer fuhren wir an den Badesee oder ließen uns sonst was einfallen. Langweilig wurde uns nie. Erst recht nicht an den Wochenenden. Da gingen wir nach Feierabend noch Party machen. Wir tobten morgens um zehn aus dem *Rush* und suchten uns einen After-Hour-Club, in dem wir weitertanzen konnten. Nicht selten waren wir so lange unterwegs, dass wir direkt vom Feiern wieder zur Arbeit gingen. Von Freitag bis Montag ohne Schlaf auszukommen war eher Standard als Ausnahme. Dass wir dabei nicht nur gesoffen, sondern auch gekokst haben, muss ich bei diesem Pensum kaum dazusagen.

Wenn man's genau nimmt, erlebte ich hier die zweite krasse Rauschphase meines Lebens. Allerdings war sie nicht so taub und freudlos wie der Niedergang des Jahrtausends. Zwar würde ich heute vieles nicht noch mal so machen, aber als einen Fehler kann ich diese Zeit auch nicht sehen. Wir hatten Spaß, haben unsere Freiheit genossen und auf Dolce Vita gemacht.

Für mich war jede Party ein Hoch auf die süßen Seiten des Lebens und eine Demonstration gegen den Sumpf von früher. Ich war Anfang 20, stand zum ersten Mal auf eigenen Beinen, hatte Geld in der Tasche und war dabei, mir ein bisschen was aufzubauen. Bei Janet war es genauso. Also haben wir gefeiert.

Der *Sky Club* am Alexanderplatz wurde unser zweites Zuhause. Der Laden war an der Dircksenstraße in den Kasemattenbögen unter der S-Bahn untergebracht. Später wurde er in »Rotor« umbenannt. Eigentlich war es ein Proll-Schuppen, wo jedes Wochenende Schlägereien stattfanden und alle Nase lang die Polizei vorfuhr. Aber hier lief neben größeren Läden wie *Polar.tv* und *Casino* (wo ich mal WestBam an der Bar getroffen und vollgequasselt habe) die beste Musik – Elektrokram im Stil von »Happiness« und »Satisfaction«. Beats also, die heute als Kommerz-Techno gelten, die damals aber neu und angesagt waren. Nächtelang hab ich im *Sky Club* durchgetanzt. Dann sind wir weiter zu Utes Frühstücksclub. Oder zur Arbeit. Und dann ging's wieder von vorn los. Das war der Rhythmus meines neuen glücklichen Lebensgefühls. Dass ausgerechnet in diese Partystimmung für ein paar irritierende Momente mein altes Leben reinkrachte, war eine ironische Randnotiz des Schicksals.

Als wir eines Nachts den *Sky Club* enterten, lief ich auf dem Weg zur Bar an einer Frau Mitte 40 vorbei. Sie war gerade dabei, den Club zu verlassen. Sie war sehr damit beschäftigt, einen sichtlich besoffenen Begleiter mit eingefallenen Wangen und schlecht getönten Strähnchen zum Ausgang zu bugsieren. Es durchfuhr mich wie ein Blitz. Die schlecht getönten Strähnchen, die eingefallenen Wangen, der schwankende Schritt. Ich drehte mich auf dem Absatz um und rief den beiden hinterher: »Bodo, bist du das?«

Sie blieben auf der Stelle stehen und sahen sich verwundert um. Als ich näher kam, wünschte ich mir fast, nicht gerufen zu haben. Es war tatsächlich mein ehemaliger Stiefvater. Aber von seinem George-Michael-Charme aus früheren Zeiten war nichts mehr übrig. Vor mir stand ein taumelnder Säufer mit ledriger Haut, kaum noch Zähnen im Mund und purer Orientierungslosigkeit in seinem glasigen Blick. Selbst als Margot mich längst erkannt und begrüßt hatte, sah mich Bodo noch immer wie eine Fremde an. Er hatte nicht begriffen, wen er vor sich hatte.

Ich musste ihm auf die Sprünge helfen: »Erinnerst du dich nicht? Ich bin's, Alex. Aus der Schierker Straße. Die Schwester von Ramona? Die Blumenstreuprinzessin. Die Tochter von …«

»Ach …« Endlich klingelte es. »Alex, klar. Das ist ja 'n Ding …«

Doch die Worte wirkten so müde, dass ich bis zum Schluss nicht sicher war, ob er geschockt oder gerührt war, beschämt oder überrumpelt – oder ob er mich vielleicht doch nicht erkannt hatte. Wir redeten nicht lange. Und was wir redeten, war so flach, dass es aufs Selbe herausgekommen wäre, wenn wir nichts gesagt hätten. Als ich später meiner Mutter von dem Vorfall berichtete, erzählte sie mir, dass Bodo seinen Job bei der Berliner Verkehrsgesellschaft hingeschmissen hatte, dass er versucht hatte, eine Kneipe aufzumachen, aber damit gescheitert war. Seitdem lief es wohl nicht mehr so rund bei ihm. Wenn man denn davon sprechen konnte, dass es überhaupt jemals rundgelaufen war. Letztendlich wurde die Begegnung für mich zum Symbol für den Sumpf, aus dem ich mich herausgekämpft hatte. Dass Bodo mich nicht wiedererkannt hatte, passte ganz gut dazu. Während er mich als eingeschüchtertes, wehrloses Kind in Erinnerung gehabt haben musste, war ich ihm jetzt als gereifte, selbstbewusste Frau gegenübergetreten. Auf der anderen Seite war aus dem starken, attraktiven Mann, den ich damals fürchten gelernt hatte, ein jämmerliches, heruntergekommenes Wrack geworden. Das Kräfteverhältnis hatte sich komplett umgedreht. Ich vermute, dass Bodo bei unserem Smalltalk viel zu besoffen war, um das zu begreifen. Trotzdem kann ich nicht verhehlen, dass es mich mit Schadenfreude erfüllt, mir vorzustellen, wie ihn die Erkenntnis am Morgen danach mit doppelter Wucht traf – und dass sie vielleicht mehr weh tat als so mancher Schlag, den er mir in der Kindheit verpasst hatte.

Nachdem Margot und Bodo abgezogen waren, trieb ich mit Janet die Geister von damals mit Schampus aus. So, wie wir es immer taten in dieser Zeit. Egal ob wir im *Sky Club*, im *Kitty* oder in irgendwelchen düsteren Techno-Höhlen unterwegs waren – wir bestellten immer Champagner. Das Gesöff besiegelte unsere Schwesternschaft mit jedem Schluck aufs Neue. Und wir wurden munter davon. Wir lachten wie die Irren und tanzten wie die Wilden, wir sprühten vor Energie und verwandelten jeden Club in ein Tollhaus. Nebenbei machte ich für Janet die Weiber klar, und sie quatschte für mich Kerle an. Wir ergänzten uns auch hier perfekt.

Unsere Verbundenheit stieß erst an Grenzen, als sie aus ihrer Wohnung flog und spontan bei mir einziehen musste. Für zwei Leute war meine Einzimmerwohnung dann doch zu klein, und fürs WG-Leben waren wir zu freiheitsliebend. Deshalb waren wir beide froh, als Janet eine neue eigene

Bleibe gefunden hatte. Bald darauf zog auch ich um. In eine größere Wohnung in Berlin-Mitte, dem Stadtteil also, der mit dem Brandenburger Tor, der Museumsinsel und dem Alexanderplatz die berühmtesten Sehenswürdigkeiten Berlins zu bieten hat. Dementsprechend gibt es dort auch die teuersten Wohnungen. Ich hatte damals Glück. In einem alten Ost-Plattenbau an der Chausseestraße ergatterte ich eine 80-Quadratmeter-Wohnung mit Balkon, die im Vergleich zu allem, was bisher gewesen war, eine totale Luxushütte, dabei aber mit knapp 600 Euro Miete ziemlich preiswert war. So schaffte ich es sogar, ein bisschen Geld zur Seite zu legen und Schulden zurückzuzahlen, die ich in der Vergangenheit bei meiner Mutter und der Bank angehäuft hatte. Es war ein gutes Gefühl, das eigene Leben endlich im Griff zu haben und den Moment zu feiern. Zumindest für ein paar Jahre. Dann krachte unerwartet ein Vorfall in meinen Alltag, der mir die Erkenntnis bescherte, dass es nicht schaden kann, über das Hier und Jetzt hinauszudenken. Doch bevor ich davon erzähle, hebe ich das Glas und sage: Prost, auf das süße Leben!

1. Dezember 2010 –
Zweiter Anlauf

Gerade hat meine Therapeutin angerufen. Was denn los sei, wollte sie wissen, und warum ich zu den letzten Terminen nicht mehr gekommen sei. Seit knapp neun Monaten bin ich bei ihr in Behandlung. Wir haben direkt im Anschluss an die Reha mit den Sitzungen angefangen. Eigentlich hab ich mich vom ersten Termin an nicht richtig wohl gefühlt. Sie war freundlich, aber immer auf Abstand. Ich dachte zuerst, das muss bei einer Psychotherapeutin vielleicht so sein, von wegen Distanz zum Patienten und so. Zuletzt fiel mir aber immer mehr auf, dass mein Unwohlsein sich negativ auf meine Bereitschaft, mich zu öffnen, auswirkte. Zwar erzählte ich ohne Punkt und Komma von der Scheiße aus meiner Kindheit und den Problemen danach, und ich marschierte auch aus jeder Sitzung heulend raus. Doch dieses Heulen war nicht befreiend. Im Gegenteil.

Hinterher dachte ich jedes Mal darüber nach, ob ich zu viel auf einmal erzählt oder mir eine Blöße gegeben hatte, ob es ein Zeichen von Professionalität oder Antipathie war, dass Frau Doktor es nicht mal fertigbrachte, mir nach einem Heulkrampf ein Taschentuch zu reichen. Und ich fragte mich, ob ihre stechenden Blicke von gesteigerter Aufmerksamkeit herrührten oder doch mit einem verächtlichen Blitzen meine Tattoos fixierten. Wir sind nun mal völlig gegensätzliche Typen. Sie wirkt wohlsituiert, gebildet und graumäusig. Ich bin direkt, impulsiv und eine eher grelle Erscheinung. Irgend-

wann beschäftigte ich mich mehr damit, unsere Unterschied-
lichkeiten gegeneinander abzuwägen, als mich auf meine eigene Geschichte zu konzentrieren. Außerdem ging mir das
gebetsmühlenartige Abschlussfazit jeder Sitzung auf die
Nerven. Sie meinte, dass ich aus dem alten Kreislauf ausbre-
chen, das Nachtleben hinter mir lassen und bei Männern
mehr auf die inneren Werte achten soll. Irgendwie klang das
immer nach: »Werden Sie doch einfach so wie ich, und alles
wird gut.«

Aber ich will nicht so werden wie die Therapeutin. Und
ich will nicht einem Menschen mein tiefstes Inneres preisge-
ben, wenn ich gleichzeitig das Gefühl habe, dass sie mich als
asozial abstempelt und auf mich herabblickt. Deshalb bin ich
einfach nicht mehr zu ihr gegangen. Das hab ich ihr am Telefon auch genauso gesagt – mit dem Zusatz, dass ich das Gefühl habe, dass eine Therapie unter solchen Voraussetzungen
keinen Sinn hat. Das mit dem Abstempeln hat sie bestritten.
Logo. Aber sie hat zugegeben, dass sie es nicht geschafft hat,
sich in meine Lebenswelt hineinzuversetzen, dass sie in
vielen Bereichen vielleicht zu schematisch gedacht hat. Wir
haben relativ lange gesprochen und am Ende beschlossen,
einen Neuanfang zu wagen.

Nächste Woche hab ich den nächsten Termin. Ich werde
hingehen. Dass es in meinem Leben jede Menge aufzuarbeiten gibt, beweisen die vielen Tränen der zurückliegenden
Sitzungen. Und wie groß die Kraft des Unbewussten ist, hat
mir nicht zuletzt die Geschichte mit Odin vor Augen geführt. Die kahle Stelle an seinem Kopf ist seit ein paar Monaten komplett verschwunden. Der Tierarzt hat sie am Ende
auch als körperliche Reaktion auf die psychische Belastung
erklärt, die von den langen Trennungsphasen und meinem
schlechten Zustand während der Krankenhausaufenthalte

kam. Hunde leiden also wirklich mit, wenn es ihren Besitzern schlechtgeht. Und sie erholen sich, wenn sich ihre Besitzer erholen. Vielleicht kann sich das angeknackste Verhältnis zu meiner Therapeutin nach unserem Telefonat ja auf gleiche Weise erholen. Jetzt, wo auch sie einen wunden Punkt offenbart hat, können wir vielleicht besser auf Augenhöhe reden. Sosehr mich die Distanz teilweise stört, so reizvoll finde ich die Idee, mich einer wirklich neutralen Person anzuvertrauen.

Bei Isi und den Kolleginnen gibt es diese Neutralität nicht. Ich muss mich bei der Arbeit oft zusammenreißen, und es gibt diverse Dinge, die mich stören. Das liegt einerseits daran, dass die Erfahrung der OP dazu geführt hat, dass ich auf viele Dinge anders draufgucke, es liegt aber auch daran, dass ich kaum trinke. Dadurch nervt mich das Gesaufe um mich herum, und ich reagiere empfindlich auf suffbedingte Plumpheiten. Wenn Isi einen in der Krone hat, übernimmt er zum Beispiel meinen Humor und erzählt die Witze mit dem behinderten Maskottchen oder dem Reißverschluss an der Narbe, als wären es seine eigenen. Ich brauche kein Copyright auf meine Witze, aber wenn sie auf meine Kosten gehen, dann mache ich sie doch lieber selbst, als sie mir von jemand anderem erzählen zu lassen. Zum Glück sieht das zumindest die Barfrau auch so. Als der Chef mir neulich vor einem Gast den Hut hochzog, meine Narbe präsentierte wie eine Zirkusattraktion und den Reißverschluss-Witz machte, ist sie total ausgeflippt.

»Mach noch einmal so einen Spruch über Alex vor den Gästen, und ich hau dir auf die Schnauze«, hat sie gebrüllt. Ich hätte sie dafür knutschen können und wusste im gleichen Moment, was ich an den Nachtgestalten habe, von denen meine Therapeutin mich unbedingt abziehen will. Wir haben unseren eigenen Tonfall und unsere eigene, direktere Form der Konfliktbewältigung. Da geht's ein bisschen derber zu. Dafür weiß man sofort, woran man ist. Man muss nicht erst ein Jahr aneinander vorbeireden, um dann bei einem klärenden Telefongewitter noch mal von vorne anzufangen.

Und trotzdem: Es ist nicht mehr so, wie es war. Vor ein paar Wochen bin ich mal wieder für zwei Lieder an die Stange gegangen. Außer Konkurrenz sozusagen. Ich hatte mich monatelang zurückgehalten, nicht getrunken, nicht getanzt, nicht gefeiert. Irgendwann kam ich mir vor wie eine Sechzigjährige, die an der Tür sitzt und darauf wartet, dass sie irgendwann der Schlag trifft. Kein Genuss, kein Spaß, nichts als reine Vernunft. Das war kein Leben, und das war nicht ich. Also hab ich mir kurz vor Feierabend doch mal wieder einen Piccolo gegönnt und bin in Stimmung gekommen. So geschwächt wie unmittelbar nach der Reha bin ich ja nicht mehr. Die Nächte halte ich inzwischen problemlos und ohne Wegpennen durch, und ich habe durch Fitnesstraining und Dehnübungen, die ich zu Hause mache, wieder ein bisschen Kondition aufgebaut. Als ich dank meines leichten Schwipses das alte Kribbeln in mir hochsteigen fühlte, bin ich in den Club gegangen und hab zum DJ gesagt: »Los, die Security-Stripperin hat Hummeln im Arsch. Spiel mal zwei Songs auf die alten Zeiten.«

Das Programm war klar: eine Techno-Nummer und *Nothing Else Matters*. Meine Kolleginnen standen im Hintergrund, haben geklatscht und gerufen: »Attacke!«, auch die Gäste waren toll und haben mir Dollars zugesteckt. Natürlich hatte der Auftritt mit der alten High-Energy-Show nicht viel zu tun. Ich war sehr vorsichtig und hab nicht lange durchgehalten. Schon nach dem ersten Lied hab ich gepumpt wie ein Maikäfer, und nach der Hälfte von *Nothing Else*

Matters hab ich einen Lachanfall bekommen und dem DJ zugerufen: »Schluss, aus, ich kann nicht mehr!«

Manche hätten so ein Erlebnis vielleicht als Niederlage empfunden. Aber so sehe ich das nicht. Es war eine kurze Rückkehr, ein Spaß ohne Folgen. Aber es war auch ein Zeichen dafür, dass die Welt sich weitergedreht hat. Völlig unrecht hat die Therapeutin mit ihrem Aus-dem-Kreislauf-Ausbrechen also auch nicht. Allerdings werde ich diesen Ausbruch auf meine Art durchziehen und nicht auf ihre. Wenn sie ihren Vorschlag mit dem Neuanfang ernst meint, kann sie mir vielleicht dabei helfen.

Hilfeschreie und Warnrufe

Das Jahr 2006 war ein Jahr der Veränderungen. Es fing damit an, dass ich mich mit Janet zerstritt. Irgendwie war sie unzufrieden mit ihrer Position im *Rush,* hatte ständig was zu meckern und machte bei jeder Kleinigkeit gehässige Sprüche. Als ich dann mitbekam, dass sie mit ein paar anderen Stripperinnen hinter meinem Rücken über mich gelästert hatte, krachte es zwischen uns. Der Streit war wie unsere Partytouren – laut, leidenschaftlich und kompromisslos. Danach erholte sich unser Verhältnis nicht mehr. Als Janet sich wenig später auch mit Isi in die Haare kriegte und er sie rausschmiss, war das Band zwischen uns endgültig zerschnitten. Die Schwesternschaft war Geschichte. Allerdings hatte ich nicht viel Zeit, ihr hinterherzutrauern. Stattdessen bekam meine Rolle als Tochter von einem Tag auf den anderen eine neue Bedeutung.

Ende August fuhr meine Mutter mit einer Freundin in die Ferien nach Griechenland. Vor der Abreise ließ sie sich von mir eine Packung Antibabypillen mitgeben. Nicht weil sie Angst hatte, schwanger zu werden, sondern weil sie keine Lust hatte, im Badeurlaub ihre Periode zu bekommen. Es war eine rein pragmatische Geschichte, kein großes Ding, nichts, worüber wir großartig nachgedacht hätten. Trotzdem hat diese Maßnahme meiner Mutter vielleicht das Leben gerettet. Eine Woche nach der Abreise rief sie mich vom Handy aus an. Um uns beiden die hohen Telefonkosten zu ersparen, war ich zunächst sehr kurz angebunden. Am Ende wurde es aber doch ein langes Telefonat. Meine Mutter erzählte, dass sie schon vor dem Urlaub einen kleinen Knoten in ihrer rechten Brust gespürt hatte, der im Urlaub rasant gewachsen war. Hatte er bei der Abreise einen Durchmesser von maximal einem Zentimeter gehabt, so schätzte sie ihn jetzt, sieben Tage später, auf vier bis fünf Zentimeter.

»Hast du Schmerzen?«, fragte ich vorsichtig.

»Es ist eher so ein Druck«, war die Antwort. »Aber … Ja, es tut schon weh.«

Ich kenne meine Mutter. Sie ist der letzte Mensch auf der Welt, den ich als Heulsuse bezeichnen würde. Bei ihr kommt jede Antwort auf Fragen nach Beschwerden, die nicht »Ach, es geht schon« lautet, einem »Aua, aua« gleich. Auch die Tatsache, dass sie mich aus dem Urlaub anrief und der sorgenvolle Unterton in ihrer Stimme – das waren Zeichen dafür, dass die Situation ernst war.

Wir hielten uns nicht lange mit Spekulationen über die Ursachen auf, sondern gingen gleich dazu über, ihre Möglichkeiten zu erwägen. Ob sie den Urlaub abbrechen und direkt zurück nach Berlin kommen sollte? Ob sie vor Ort zum Arzt gehen und eine Diagnose einholen sollte? Ob sie versuchen sollte, den Urlaub den Umständen entsprechend bis zum Ende zu genießen und den Knoten zunächst selbst im Auge zu behalten? Am Ende entschieden wir uns für Letzteres. Gleichzeitig einigten wir uns darauf, dass sie mir täglich den neuesten Stand durchgab und ich mich zu Hause schon mal nach den besten Ärzten erkundigte. Ich weiß noch, wie ich beim Telefonat den Begriff »Brustkrebs« zu vermeiden versuchte, bei der anschließenden Internetrecherche aber prompt auf dieses bedrohliche Stichwort zurückgeworfen wurde. Die Tage, die nun folgten, waren grauenhaft.

Ich konnte an nichts anderes mehr denken als an den Knoten in der Brust meiner Mutter. Auch wenn sie in ihren SMS-Botschaften versuchte, optimistisch zu klingen, kam mir jede Nachricht vor wie ein Hilfeschrei. Gleichzeitig hämmerten Begriffe wie »Karzinom«, »Tumor« und »Mortalität«, die ich im Netz aufgeschnappt hatte, wie unheilvolle Warnrufe durch meinen Kopf. Es waren Tage des bangen Wartens und der quälenden Unsicherheit. Ständig schwebte die Frage im Raum, ob es nicht besser gewesen wäre, wenn sie sofort nach Hause gekommen wäre. Ich war heilfroh, als wir eine Woche später endlich gemeinsam in der Notaufnahme des Urban-Krankenhauses saßen, das für seine kompetenten Brustkrebsspezialisten bekannt ist.

Wir kamen keine Sekunde zu früh. Der Knoten war mittlerweile auf zehn Zentimeter Durchmesser angewachsen, und meine Mutter machte keinen Hehl aus den Schmerzen, die er ihr bereitete. Schon nach der ersten Tast- und Ultraschalluntersuchung meinten die Ärzte, es sähe nicht gut aus. Ein paar weitere Untersuchungen und eine Biopsie später waren die schlimmsten Befürchtungen auf einmal Gewissheit: Es war Krebs, er war bösartig, und er war schon so weit entwickelt, dass die Brust schnell entfernt werden musste. Weil meine Mutter die Pille genommen hatte, war der Tumor durch den ungewöhnlichen Hormonschub im Zeitraffertempo gewachsen. Wir machten uns Vorwürfe deswegen und trösteten uns zur gleichen Zeit mit dem Gedanken, dass wir eigentlich wegen seines schnellen Wachstums auf den Knoten aufmerksam geworden waren. Trotzdem machten uns die Ärzte keine großen Hoffnungen. Es handelte sich um eine aggressive Form des sogenannten Mammakarzinoms, das auch bei rechtzeitiger Erkennung nur wenige Frauen überleben. Das bange Warten ging also weiter.

Am 1. September wurde meine Mutter operiert. Es folgten Bestrahlung und Chemotherapie. Das Ende des Jahres 2006 habe ich als einen grauen Brei aus Krankenhaus- und Arztbesuchen in Erinnerung. Ich versuchte zu helfen, wo ich konnte. Ich passte auf Ramona auf, während meine Mutter im Krankenhaus war, ich kam bei Arztbesuchen als Geleitschutz mit, ich erledigte Besorgungen, Behördengänge und Telefonate mit der Krankenkasse. Manchmal kam ich mir dabei sehr verlassen vor. Niemand half. Weder meine Cousins noch mein Onkel oder mein Großvater. Opa schaffte es nicht mal, meine Mutter im Krankenhaus zu besuchen. Wenn mein Glaube an unsere Familie vorher nur ein paar Kratzer davongetragen hatte, so ging er mir nun fast verloren. Man hatte uns alleingelassen mit dem Leid und der Angst. Obendrein mussten wir alles selbst regeln. Und weil meine Mutter nichts regeln konnte, blieb alles an mir hängen – allem voran die Sorge.

Die Nebenwirkungen der Chemo waren heftig. Meine Mutter musste ständig brechen, hatte Schwächeanfälle, sämtliche Haare fielen aus. Im Krankenhaus hatte man uns auf all das vorbereitet. Es hatte sogar einen Kurs gegeben, in dem den Frauen gezeigt wurde, wie sie sich Augenbrauen schminken und welche Möglichkeiten Perücken bieten. Die Umsetzung war dennoch eine Herausforderung. Nicht nur emotional und kräftemäßig, sondern auch finanziell. Allein die Kosten für eine vernünftige Echthaarperücke beliefen sich auf mehrere hundert Euro, die die Kasse nicht übernahm. Hinzu kamen die exorbitanten Preise für Spezialkosmetika, Brustattrappen und die dazugehörigen BHs. Meine Mutter hatte keinerlei Rücklagen für den Notfall, deshalb schmissen meine große Schwester und ich unsere Reserven zusammen, um ihr wenigstens die Kosten abzunehmen. Das war eine zweite Geschichte, die mich aufmerken ließ. Mir wurde klar, wie schnell das Leben von einem Tag auf den anderen umgekrempelt werden kann. Und wie schwierig es ist, wenn man einerseits geschwächt am Boden liegt, andererseits aber tausend Anträge bearbeiten und Besorgungen machen soll. Wenn man nicht arbeiten kann, die laufenden Kosten aber weiterlaufen oder sich sogar erhöhen. Wenn die üblichen Faktoren der Grundabsicherung nicht mehr ausreichen. Kurzum: Mein sorgloses In-den-Tag-hinein-Leben wurde von Bedenken eingeholt.

Im Nachhinein habe ich sogar das Gefühl, dass eine leise Vorahnung durch meinen Kopf spukte, die mir einflüsterte, dass mir etwas Ähnliches auch mal passieren könnte. Jedenfalls schloss ich damals mehrere Versicherungen ab – für den Fall einer chronischen Erkrankung, für Notfälle, auch eine Lebensversicherung war dabei. Es war wie ein Schreckschuss des Schicksals, den ich sofort erkannte. Auch wenn ich mir nicht wirklich hätte träumen lassen, wie bald ich meine neue Absicherung nötig haben würde.

Aller Angst und Skepsis zum Trotz: Meine Mutter wurde wieder gesund. Heute geht es ihr den Umständen entsprechend gut. Auch wenn die Krankheit Spuren hinterlassen hat. Seit der Chemotherapie ist sie in den Wechseljahren, hat mit Knochenproblemen und Lipödem, also Wassereinlagerungen in den Beinen zu kämpfen. Hinzu kommt die Angst, dass der Krebs wiederkommen könnte. Seit der Operation wird sie alle paar Wochen durchgecheckt. Bei einer dieser Untersuchungen wurde auch in der linken Brust ein Knoten entdeckt. Der war in diesem Stadium aber noch ungefährlich und konnte direkt rausoperiert werden. Für mich ein gutes Beispiel dafür, wie wichtig Vorsorgeuntersuchungen und ein achtsamer Umgang mit dem eigenen Körper sind.

Und wo wir gerade bei Körpern und Brüsten sind: Es birgt eine gewisse Ironie, dass die Erkrankung meiner Mutter in eine Zeit fiel, in der ich selbst mich in meinem Körper so wohl fühlte wie noch nie. Eine Zeitlang hatte ich damit gehadert, dass ich im Zuge der vielen Tanzerei immer muskulöser wurde. Die Tatsache, dass ich mich Nacht für Nacht an der Stange hochstemmte, hatte den gleichen Effekt wie das Leistungsschwimmen in der Jugend. Ich bekam Power in den Oberarmen wie ein Bodybuilder und ein Kreuz wie ein Preisboxer. Ich machte in dieser Phase ohne Scheiß sogar Kerle beim Armdrücken platt. Isi provozierte das zu weiteren Witzen gegenüber neuen Türstehern: »Wer bei uns anfangen will, muss erst mal Alex im Armdrücken besiegen.« Haha!

Über solche Sprüche konnte ich lachen, aber mich störte schon, dass meine Brüste im Verhältnis zum restlichen Körper zu klein wurden. Ich hab darunter nie wirklich gelitten, aber wahrgenommen hab ich es schon. Erst unterbewusst, dann bei jedem dritten Blick in den Spiegel, irgendwann auch beim Tanzen. Viele werden denken, dass der Job als Stripperin und der Gedanke, sich die Brüste aufspritzen zu lassen, zwei Seiten der gleichen Medaille sind. Aber obwohl ich täglich von den Silikontitten meiner Kolleginnen umgeben war, kam ich selbst ziemlich spät auf den Gedanken, mir welche zuzulegen. Doch dann, irgendwo zwischen dem letzten Friseurbesuch und dem nächsten Termin im Nagelstudio, ging mir durch den Kopf: Alex, du lässt dir die Nägel machen, damit sie schöner aussehen; du schminkst dich, damit die Augen besser zur Geltung kommen; du lässt dir die Haare machen, damit sie besser sitzen. Warum also nicht auch die Brüste? Der Weg von diesem Gedanken bis zur Liege des Schönheitschirurgen war kurz. Es war ein unspektakulärer, harmloser Eingriff, und ich hab ihn nicht bereut. Ich fand mich schön mit dem erweiterten Vorbau. Find ich immer noch. Und auch wenn mich nach der Krankheit meiner Mutter kurzzeitig die Panik ereilte, die Silikonimplantate könnten mein eigenes Brustkrebsrisiko erhöhen, haben mir inzwischen unterschiedliche Ärzte bestätigt, dass das nicht der Fall ist. Insofern sind meine neuen Dinger ein Souvenir aus den Champagner-Jahren, von denen ich bis heute profitiere. Zum Modeln hätte ich ohne sie nie den Mumm gehabt. Und auch im Bett haben sie mir zu mehr Selbstbewusstsein und Genussfähigkeit verholfen. Aber auf das Thema Sex gehen wir später noch genauer ein.

5. Februar 2011 –
Drei Sterne

Heute ist meine Gehirnoperation genau ein Jahr her. War es ein gutes Jahr? Wenn ich bedenke, dass ich mittlerweile wieder ganz gut im Alltag Fuß gefasst habe, die epileptischen Anfälle nur noch sporadisch auftreten und ich mit jedem Tag merke, dass ich an Kraft zurückgewinne, irgendwie schon. Andererseits waren die letzten zwölf Monate von Orientierungsschwierigkeiten und Widerständen geprägt. Da war die Rückkehr an meine alte Wirkungsstätte, in der ich nur noch mit angezogener Handbremse arbeiten konnte, was irgendwie unbefriedigend war. Es gab die missglückte Therapie, die mich zwar wahnsinnig in Anspruch nahm, mich aber nicht wirklich weiterbrachte. Außerdem überschattete die Angst vor einem Rückfall jeden meiner Schritte. Hinzu kam eine neue Sicht auf die Welt und ihre Bewohner, mit der ich mich erst mal anfreunden musste.

Wenn man so einen einschneidenden Eingriff überlebt, bleibt das nicht ohne Konsequenzen. Flüchtige Erfolge und oberflächliche Bekanntschaften verlieren an Wichtigkeit. Dafür rücken Dinge, die elementare Bedeutung haben, in den Mittelpunkt. Symbolisch für diese Dinge stehen die drei Sterne, die ich mir vor zwei Monaten auf die rechte Schläfe hab tätowieren lassen. Einer steht für meine Mutter, der zweite für meine kleine Schwester Ramona, der dritte für Odin. Die drei sind die Fixsterne meines Lebens. Sie erinnern mich daran, wo ich herkomme, sie waren auch in schlechten Zeiten an meiner Seite, und selbst wenn sie irgendwann nicht mehr da sein sollten, werde ich sie immer lieben. Sie waren es auch, die mir nach der OP immer wieder Mut gegeben haben, die mich daran erinnert haben, dass meine Persönlichkeit mehr ausmacht als die Narbe an meinem Kopf, um die sich auf einmal alles zu drehen schien. Deshalb habe ich mich ausnahmsweise über meinen Vorsatz hinweggesetzt, mich im Gesicht nicht tätowieren zu lassen. Mama, Ramona und Odin waren dazu fähig, mich selbst von meiner Krankheit abzulenken, jetzt tun sie es auch bei anderen Leuten. Die drei Sterne haben den Effekt, dass die Blicke von der Narbe abgelenkt werden und ich weniger auf sie angesprochen werde. Es kommt mir sogar so vor, als würde ihre Talisman-Aura auf mein restliches Dasein abstrahlen. Seit ich die Sterne habe, geht es aufwärts. Das klärende Gespräch mit der Therapeutin hat tatsächlich bewirkt, dass wir besser miteinander klarkommen. Die Gespräche mit ihr geben mir jetzt mehr, als sie mir nehmen. Noch immer heule ich von Zeit zu Zeit, und noch immer gibt es zeitweilige Verständigungsbarrieren, aber trotzdem gehe ich nach der Sitzung nicht mehr mit zusätzlichem Gedankenballast aus der Praxis, sondern habe vielmehr das Gefühl, etwas abgeladen zu haben. Ich fühle mich freier. Und ich merke, wie wichtig es ist, dass ich mir neben der Arbeit und den Gedanken über meine Gesundheit auch etwas Spaß gönne, sprich feiern gehe.

Als ich im Dezember das erste Mal nach der Reha wieder richtig auf die Piste gegangen bin, habe ich mir bewusst einen Laden ausgesucht, in dem ich nie zuvor war. Nach dem Motto: neuer Anfang, neue Bar. Meine Wahl fiel auf das *Felix*, eine sehr angesagte Location am Brandenburger Tor, die sich selbst als Premium-Club anpreist. Beim ersten Mal hab ich mir die vielen Wichtigtuer und hochnäsigen Gestalten so lange schöngetrunken, bis ich am Ende der Nacht genug getanzt und geflirtet hatte, um mein anfängliches Unwohlsein verdrängt zu haben. Ich hatte wirklich das Gefühl, ich könnte warm werden mit *Felix* und seinen Gästen. Um die Flamme nicht zu schnell verlöschen zu lassen, bin ich am folgenden Wochenende sofort wieder hingegangen – mit dem Erfolg, dass der Türsteher meine Tattoo-Sterne anguckte und mich abwies. Danach hatte ich solche Sehnsucht nach meinen alten Freaks im *KitKat,* dass ich spontan dorthin flüchtete. Sofort fühlte ich mich wieder zu Hause. Jetzt spannt sich mein Party-Dreieck zwischen *Rush, KitKat* und *Insomnia,* einem weiteren Fetisch-Club. Auch wenn ich es ein bisschen gesitteter angehen lasse, fühlt es sich ein bisschen an wie früher. Gegen die eigene Natur kommt eben auch eine Hirn-OP nicht an. Zumindest nicht, wenn sie geglückt ist. Und dass sie geglückt ist, ist sowieso ein Grund zum Feiern.

Let's Talk About Sex

Der Brustkrebs meiner Mutter wirkte sich nicht nur auf meine Absicherungsmentalität aus, sondern auch auf meinen Lebensrhythmus. Nachdem meine Ersparnisse sehr schnell für Perücke und sonstige Hilfsmittel draufgegangen waren, glich ich die weiteren Kosten für Medikamente und Therapie durch erhöhten Arbeitseinsatz aus. Dadurch, dass wir nach jeder Schicht in bar ausbezahlt wurden, konnte ich meine Ertragsquote direkt an den Beträgen ablesen, die am Ende einer Nacht in mein Portemonnaie wanderten. Ab sofort lautete das Ziel: Ertragsquote erhöhen. Das bedeutete mehr Schichten, mehr Champagnergäste, mehr Private Dance. Da ich allerdings auch vorher schon recht fleißig gewesen war, war die Grenze des Machbaren schnell erreicht, ohne dass ich meine Einkünfte deutlich hätte steigern können. Einen finanziellen Satz hätte ich nur durch eine Maßnahme erreichen können: Sex für Geld. Also ging ich in die Offensive.

Prostitution ist ein Thema, mit dem man sich als Stripperin zwangsläufig auseinandersetzen muss. Nicht nur, weil man in der Regel Kolleginnen hat, die anschaffen, sondern auch, weil jeder Zweite erwartet, dass man es selbst tut. Das hatte ich spätestens nach der dritten Affäre bemerkt, die daran gescheitert war, dass der Auserwählte nicht mit meiner Arbeit als Nackttänzerin klarkam. Strippen und Beziehung, das ging nicht zusammen. Sobald die Typen erfuhren, welchen Job ich machte, stempelten sie mich als Flittchen ab und schlossen jede Option auf eine langfristige Verbindung aus. Ich traf keinen einzigen Mann, der meinen Glauben, dass Treue und Tabledance zusammen funktionierten, teilte. Kein Kerl schnallte, dass es ein Unterschied war, ob ich nackt vor Männern tanzte oder mir einen reinstecken ließ. Für mich war völlig klar, dass ich mit Private Dance aufhören würde, sobald ich einen Partner gefunden hätte. Aber dazu kam es ja nie. Anfangs war ich unbefangen und sagte schnell, worin meine Tätigkeit bestand. Ich wurde sofort in die Schlampen-Schublade gesteckt. Nachdem ich damit mehrfach auf die Nase gefallen war, versuchte ich, die Offenbarung meiner Tabledance-Identität auf einen Zeitpunkt zu verschieben, an dem ich die Typen gut genug zu kennen meinte, um ihnen die nötige Abgeklärtheit zuzutrauen – woraufhin ich jedes Mal feststellen musste, dass ich sie überschätzt hatte. Zeitweise hab ich mich wahnsinnig über die Doppelmoral der Kerle aufgeregt. Sie selbst fanden es völlig normal, von einer Frau zur nächsten zu schießen, und brüsteten sich sogar mit ihren Eroberungen. Doch sobald eine Frau auf der Bühne ihre Möpse zeigte, war sie eine Schlampe und trieb es mit jedem.

Die traurige Wahrheit war in meinem Fall: Erst sah ich ein, dass ich keine Beziehung hinbekommen würde, solange ich diesen Job machte, und sobald ich das akzeptiert hatte, hatte ich überhaupt keinen Sex mehr. Wie auch? Entweder ich hätte mich sofort in den One-Night-Stand-Modus begeben müssen, zu dem die Kerle mit einem »Flittchen« wie mir bereit gewesen wären, oder ich hätte mir die Illusion einer Beziehung mit Unehrlichkeit und vorprogrammiertem Verfallsdatum erkaufen müssen. Für beides war ich mir zu schade. Andererseits war ich nach mehreren Monaten ohne Sex irgendwann schlicht und ergreifend fickrig. In so einer Zwickmühle denkt man irgendwann pragmatisch: Manche lassen sich in der Disco am Restefickbüfett für 'ne Flasche Cola flachlegen, als Stripperin konnte ich mir die Typen aussuchen und beim One-Night-Stand sogar noch was verdienen. So wurde Sex für Geld für mich zur unkompliziertesten und ehrlichsten Möglichkeit, mit Männern zu schlafen. Wenn mir ein Gast gefiel und die Chemie stimmte, hatte ich mich schon vor meinem Jahr der Veränderung verführen lassen, aber erst nach der Erkrankung meiner Mutter bekamen solche Nächte eine gewisse Regelmäßigkeit. Ich bin sicher, dass mir die »Sexualität als Kommunikationsform«-Regeln aus dem *KitKat* bei der Lockerung meiner eigenen Moralvorstellungen geholfen haben. So wurde Sex mit Gästen für mich zum Zubrot mit Erkenntnisgewinn.

Die Kerle, mit denen ich aufs Zimmer ging, waren für mich beides: Geldgeber und Testkaninchen. Im *Rush* verkehrten die unterschiedlichsten Typen – von Jungs, die ihren 18. Geburtstag feierten, über dänische und holländische Geschäftsleute, die anlässlich irgendwelcher Messen in der Stadt waren, bis hin zu älteren Herren, die den Großteil ihrer Abende alleine an der Bar verbrachten. Manchmal kamen auch Pärchen auf der Suche nach Abenteuer.

Was ich damit sagen will: Dadurch, dass es eine Einlasskontrolle gab, drangen Besoffene, Störenfriede oder ungepflegte Leute normalerweise gar nicht erst in den Laden vor. Und dadurch, dass es keinen Zwang gab, Männern spezielle Wünsche zu erfüllen, konnte ich mir meine Private Dates aussuchen. So bescherten sie mir eine Reihe sexueller Erfahrungen, die mir bei späteren Beziehungen definitiv zugutekamen. Irgendwann wusste ich genau, was ich wollte und was ich nicht wollte. Und ich wusste genau, worauf ich stand und worauf nicht. An diesen Punkt kommen viele Frauen ja nie. Die haben Kinder, aber keinen Sex mehr, bevor sie überhaupt herausgefunden haben, was es beim Sex für Möglichkeiten gibt. Das ist bei mir definitiv anders.

Ich kann zum Beispiel mit Gewissheit sagen, dass ich kein Typ für Dreier bin. Da ich nicht auf Frauen stehe, kam diese Spielart für mich nur in der Zwei-Männer-plus-ich-Variante in Frage. Genau genommen stand sie lange Zeit überhaupt nicht zur Debatte, doch dann kamen Ruben und Ivan. Die waren Stammgäste im *Rush*, gingen immer zusammen auf die Piste und bearbeiteten mich wochenlang, mit ihnen gemeinsam aufs Zimmer zu gehen. Immer wieder luden sie mich ein, tranken mit mir, und sobald sie ein bisschen angesoffen waren, kam die unvermeidliche Frage: »Willst du nicht mal mitkommen? Wir machen auch nichts, was du nicht willst! Wir sind Gentlemen, kannste uns glauben.«

Ich hab's ihnen geglaubt. Und nachdem ich zehnmal abgelehnt hatte, dachte ich mir irgendwann: Die beiden sind nett und vertrauenswürdig, also warum nicht? Bei ihrem nächsten Besuch schlug ich vor: »Okay, ihr zwei, für 600 Euro und eine Champagnerflasche können wir es probieren.«

Sie ließen sich darauf ein. Das Date als solches war dann superlieb. Wir haben viel gelacht, die beiden waren richtig aufgeregt, und sie achteten rührend darauf, dass ich mich wohl fühlte. Was allerdings nichts daran änderte, dass mich die Dreierkonstellation auf Dauer nervte. Ich konnte mir nicht helfen: Zwei Männer auf einmal zu beglücken, fand ich anstrengend. Dass ich's getan habe, war trotzdem okay. Und sei es nur um der Erkenntnis willen, dass Dreier nicht mein Ding sind.

Ansonsten kann ich sagen, dass die meisten Männer nett und fair waren. Das lag natürlich auch an der Location. Die

Leute im *Rush* waren auf Party getrimmt und nicht auf Krawall. Und für den Notfall waren immer Security-Jungs im Laden, die Unruhestifter an die Luft setzten. Das Einzige, was mich immer wieder abgestoßen hat, war, dass jeder zweite Typ ohne Gummi vögeln wollte. Wie leichtsinnig und eindimensional Männer sein können. Bei hartnäckigen Fällen hab ich mir einen Witz draus gemacht und gesagt: »Ohne Gummi? Klar, kein Problem. Aber nur damit du Bescheid weißt: Ich hab grad 'nen Tripper.«

Damit war den Typen der Wind aus den Segeln genommen und das Thema gegessen. Bei harmloseren Kandidaten reichten kurze Gegenfragen: »Und was ist, wenn ich 'nen Pilz hab? Oder Körperherpes? Oder wenn ich keine Pille nehme?«

Die Doppelmoral der Kerle führte also auch dazu, dass sie die Risiken vergaßen. Um das zu erkennen, muss man als Frau zugegebenermaßen nicht erst mit Männern aufs Zimmer gehen, aber es wird dabei doppelt deutlich.

Mir fällt nur ein wirklich krasses Erlebnis ein, das beispielhaft ist für die Gefahren, die die Eins-zu-eins-Betreuung mit sich bringt. Es passierte kurz nach dem großen Umzug. Nachdem die alte *Rush*-Heimstatt an der Gottlieb-Dunkel-Straße laut städtischem Bauamt einzustürzen drohte, war Isi gezwungen, eine neue Location zu suchen. Er fand sie ein paar Kilometer weiter nordöstlich in der Wilmersdorfer Trautenaustraße. Der neue Laden war etwas größer, hatte aber den gleichen Charme wie der alte. Sein Bonus-Highlight war ein VIP-Penthouse unterm Dach. Der Raum war mit Spiegeln und gemütlichen Sofas ausgestattet. Und er bot von einer Bar bis zu Designermöbeln jeglichen Komfort, den man sich wünschen konnte. Doch Komfort hilft nicht, wenn die Besucher ungemütlich werden …

Eines Abends kam ein Typ in den Laden, der sich aufspielte, als sei er der König von Berlin. Ein Tier von einem Mann, Ghetto-Chic, Vollbart. Schon von der Stange aus hatte ich gesehen, wie er mit seiner Vier-Mann-Entourage eine Sitzecke enterte und von dort aus sowohl seine eigenen als auch unsere Leute herumkommandierte. Als mich meine Kollegin auf der Bühne ablöste, stand im nächsten Augenblick mein Chef neben mir. Er war ein bisschen nervös und meinte: »Du, der Macker da drüben würde dir gern 'ne Flasche Champagner ausgeben.«

»Aha«, hab ich gelacht. »Na, dann soll er das mal machen.«

Erst als ich am Tisch der Truppe ankam, erklärte sich Isis Nervosität. Der Kerl war zugeballert bis obenhin. Erst bekam ich einen Schreck, weil er beim Reden schon die berühmten Kokser-Zuckungen im Gesicht hatte, dann dachte ich: Scheiß drauf. Er hatte mich ja nicht als Drogenberaterin, sondern als Gesellschaftsdame zu sich bestellt. Also war es nicht an mir, über seinen Zustand zu urteilen. Nach einer kurzen Begrüßungsrunde – er hieß Murat –, kam er sofort zur Sache: »Willst du mit mir hochgehen? Private Dance? Ziehen und was saufen?«

Meine Antwort: »Klar, können wir machen. Aber wenn ziehen, nehm ich mein eigenes Zeug.«

Das war noch so eine Tabledance-Regel, die ich früh gelernt hatte. Wenn schon Drogengebrauch mit Gästen, dann niemals mit den Vorräten, die sie mitgebracht hatten. Man konnte nie wissen, wo sie ihren Stoff herhatten oder ob verschnittene und gestreckte Ware im Spiel war. Meinem Gegenüber war in diesem Fall völlig egal, ob wir aus einer Tüte schnupften oder aus verschiedenen. Murat stand auf, stapfte zur Bar, redete kurz mit Isi, bestellte ein ganzes Tablett voller Schnäpse und stapfte die Treppe hoch. Im Zentrum des VIP-Penthouses stand ein viereckiger Glastisch, auf dem man gut tanzen konnte. Doch Tanzen hatte für den hohen Gast keine Priorität. Vielmehr legte er auf der Ein-Quadratmeter-Tischplatte eine Line aus, die quer von einer Ecke zur nächsten reichte. Die schnüffelte er in drei Zügen weg und kippte anschließend zehn Schnäpse hinterher. Meine Erfahrung hatte gezeigt, dass man mit volltrunkenen Gästen in der Regel leichtes Spiel hatte. Zu echtem Sex waren sie meist gar nicht mehr fähig, antörnen ließen sie sich dafür umso leichter. Eine so deftige Alkohol-Koks-Portion wie diese hier schien mir aber doch bedenklich. Ich konnte mir nicht verkneifen, das anzumerken. Wenn auch vorsichtig. Druffis werden ja bei jeder winzigen Kritik aggressiv.

»Na, das war jetzt aber 'ne ganze Menge, wie?«, fragte ich.

»Jo«, gab er zurück, atmete tief durch und schüttelte sich. »Bin schon seit vier Tagen wach.«

Dazu fiel mir nichts anderes als ein dumpfes »Wow« ein.

»Bin gerade aus dem Knast gekommen.«

»Aha.«

»Und jetzt sauf deinen Champagner, du Schlampe.«

Mit dieser Ansprache lag er bei mir ganz falsch: »Wenn du mich noch einmal Schlampe nennst, brechen wir die Veranstaltung hier sofort ab.«

Ich hätte den Wenn-Satz einfach weglassen und einen Abgang machen sollen. Zwar beruhigte der Macker sich danach kurzfristig, aber es dauerte nicht lange, bis die Koks-Schnaps-Rutsche ihre Wirkung tat und er megaaggressiv wurde. Immer wieder drängte er mich, meinen Schampus schneller zu trinken. Als ich antwortete, dass ich meine Drinks gerne in Ruhe genießen würde, flog das erste Schnapsglas gegen die Wand. Bald darauf ein zweites und ein drittes. Schließlich griff er sich meine Pulle, drückte den Flaschenhals mit dem Daumen zu, schüttelte kräftig und spritzte mir das Zeug volle Lotte ins Gesicht. Schon mal Champagner in die Augen bekommen? Hoffentlich nicht. Es brennt wie die Hölle, und man kann danach ungelogen nichts mehr sehen. Eine denkbar schlechte Voraussetzung für eine Situation wie diese. Vor allem, weil zusätzlich die Worte »So, jetzt fick ich dich ohne Gummi, du Schlampe« durch den Raum tönten.

»Als ob du Druffi-Penner noch einen hochkriegen würdest«, gab ich kaltschnäuzig zurück. In Wirklichkeit aber stand mir die Panik bis zum Scheitel. Ich taumelte blind zum Fenster, riss es auf und brüllte um Hilfe. Normalerweise stand unten auf der Straße immer einer unserer Security-Jungs oder auch Isi selbst, die mich hätten hören können, aber in diesem Moment ging mein Ruf ins Leere. Keine Antwort und auch keine anderen Zeichen des Beistands kamen zurück. Stattdessen wurde ich von hinten an den Haaren gepackt und brutal aufs Sofa geschleudert.

»Was laberst du da, Schlampe?«, schnaufte Murat. »Dass ich einen hochkriege, wirst du gleich noch merken.«

Ob er es tatsächlich geschafft hätte? Zum Glück erfuhr ich es nicht. Er war zwar total aggro, aber durch seine Dröhnung dennoch verlangsamt. Ich konnte dagegen zwar nichts sehen, war aber bei glasklarem Verstand. Blitzschnell rollte ich mich unter Murats wütendem Schnaufen und dem Klappern seiner Gürtelschnalle weg, knallte auf den Boden, rappelte mich hoch und rannte in sprichwörtlich blinder Panik zur Tür. Ich riss sie auf und schrie erneut um Hilfe. Dann stolperte ich die Treppe hinunter, als sei der Teufel persönlich hinter mir her. In gewisser Weise war er das auch. Im Nachhinein erfuhr ich, dass der hohe Gast einem stadtbekannten Gangster-Clan angehörte und nicht ohne Grund im

Knast gesessen hatte. Davon abgesehen ging die Sache noch mal glimpflich aus. Diesmal hörte Isi meine Schreie und stellte sich sofort vor mich. Als kurz darauf Murat die Treppe herunterkam, disqualifizierte er sich unbewusst selbst. Mit Unschuldsmiene sagte er: »Die Alte säuft ja gar keinen Champagner. Dann soll sie sich auch keinen ausgeben lassen.«

Wer hätte gedacht, dass meine Trinkfestigkeit noch mal dazu beitragen würde, mir aus der Patsche zu helfen? Jetzt tat sie es. Isi lachte nur und antwortete: »Du kannst mir ja einiges erzählen, aber wenn hier einer saufen kann, dann Alex.« Der Rest wurde geregelt, wie man Konflikte mit Clans eben regelt. Isi drohte, Murats älteren Bruder anzurufen und ihm von dem Vorfall zu erzählen. Der vermeintliche König von Berlin wurde handzahm und ließ sich mit vergleichsweise geringem Widerstand aus dem Laden rausschmeißen. Den Rest der Nacht musste ich trotzdem sicherheitshalber in der Garderobe verbringen, und nach Feierabend wurde ich nach Hause gefahren. Mit Clans und Banden ist nicht zu spaßen. Isi wollte kein Risiko eingehen, bis er tatsächlich mit Murats Bruder gesprochen hatte. Ich selbst hab seit dieser Nacht um Gäste, die zugedröhnt waren, einen großen Bogen gemacht – sowohl beim Private Dance als auch im Privatleben.

6. März 2012 –
Und tschüss!

»Hey, Mama, weißt du, was passiert ist?« Auch wenn es gemein ist, kann ich mir eine gewisse Schadenfreude bei den folgenden Worten nicht verkneifen: »Mein Erzeuger schmort jetzt in der Hölle.«

Am anderen Ende der Leitung herrscht für einen Moment Stille, dann fragt meine Mutter vorsichtig: »Ist es so weit? Hat er sich ins Grab gesoffen?«

Über die genauen Umstände seines Ablebens weiß ich nichts. Ich weiß nur, dass mein Erzeuger tot ist. Und zwar deshalb, weil ich einen Brief vom Amt bekommen habe, in dem eine gewisse Frau Schneider Geld von mir fordert. Angeblich bin ich neben meiner Schwester die einzige verbliebene Verwandte und damit zur Übernahme der Kosten für die Beerdigung verpflichtet. Ich – die diesen Mann nur ein einziges Mal im Leben getroffen hat. Bei einem zweifelhaften Rendezvous mit Asterix, Obelix und der Schnapsflasche.

Ich hätte spontan in die Luft gehen können, als ich den Brief las. Im Prinzip hab ich's auch getan. Ich habe sofort die Nummer angerufen, die auf dem Schreiben angegeben war, und Frau Schneider die Meinung gesagt. Ich hab ihr erklärt, dass eigentlich meine Mutter und ich Geld bekommen müssten, für den Unterhalt, den er uns bis zum Schluss vorenthalten hat. Dass wir jahrelang versucht haben, diese Beträge einzuklagen. Dass ich ihre Forderung als Unverschämtheit empfinde.

Frau Schneider reagierte mit dem typischen Beamtenphlegma. »Wir wenden uns in solchen Fällen immer als Erstes an die direkten Verwandten. Das sind in diesem Fall Sie und Ihre Schwester«, erklärte sie wie ein Roboter. »Ihr Vater war am Ende seines Lebens Hartz-IV-Bezieher, darum gibt es keine Rücklagen, von denen die Beerdigung bestritten werden kann, aber eine Beerdigung kostet nun mal Geld.«

»Dieses Geld kriegen Sie aber nicht von mir«, bellte ich in den Hörer. »Für das Arschloch gebe ich keinen Pfennig aus. Dem spucke ich eher noch aufs Grab.«

Dann hab ich aufgelegt. Frau Schneider soll zusehen, wie sie das Begräbnis finanziert. Meine Mutter findet mich mal wieder zu hart. Schon als ich ihr in der Reha aus Enttäuschung über die mangelnde Anteilnahme meines Opas und meiner Cousins von meiner inneren Kündigung der familiären Bande erzählte, meinte sie, ich soll nicht die gleichen Fehler machen wie die anderen. Zum Tod meines Erzeugers sagt sie, dass Hass mich auch nicht weiterbringt und sein früher Tod (er war erst Ende 50) einem eigentlich leidtun kann. Ich bewundere ihr Mitgefühl, aber ich bin dazu nicht fähig. Der Tod eines Mannes, der meine Mutter grün und blau geschlagen hat, gehört für mich nicht in die Kategorie Trauerfälle. Ob er ein Grund zum Feiern ist, sei dahingestellt, aber bezahlen werde ich definitiv nicht für ihn.

Apropos feiern: Ich habe meine Schichten im *Rush* zurückgefahren, eine Weiterbildung in Aussicht und ein interessantes Jobangebot am Haken. Seit meinem Wiedereinstieg ins Nachtleben wurde der Wunsch in mir immer lauter, mich selbständig zu machen. Für das ewige Sitzen an der Tür und den monotonen Alltag ohne die Tanzerei fühle ich mich einfach zu jung. In den letzten Wochen haben die Veränderungspläne konkrete Formen angenommen. Demnächst fange ich eine Umschulung zur Barkeeperin an. Und ich habe ein Angebot vom *KitKat* bekommen, das total verlockend klingt. Dieses Angebot kam lustigerweise beim Feiern.

Ich war am Samstag mal wieder aus. Nachdem ich an der *Rush*-Tür den ganzen Abend penetrant angebaggert wurde, hatte ich mir im *Kitty* ein bisschen Entspannung erhofft. Leider ging der Plan nicht auf. Stattdessen setzte sich die Baggerei nahtlos fort. Irgendetwas muss ich an mir gehabt haben an diesem Abend. Vielleicht haben gerade meine abwehrende Grundhaltung und mein strenger Gesichtsausdruck die Kerle gereizt. Ich weiß es nicht. Ich weiß nur, dass ich nach einer Stunde auf hundertachtzig war und zu meinem Kumpel Björn meinte: »Wenn in den nächsten fünf Minuten noch ein Typ kommt und mich dämlich vollsülzt, kriegt er auf die Fresse.«

Wir blieben dann extra zusammen und unterhielten uns, um Interessenten gar nicht erst eine Angriffsfläche zu bieten. Trotzdem entging mir nicht, dass ein mittelgroßer, ganz niedlicher Typ an der Bar die ganze Zeit zu uns rüberguckte. Als Björn eine neue Runde Getränke holen wollte, hab ich gesagt: »Wenn du weggehst, garantiere ich für nichts. Der da drüben glotzt schon wieder so. Sollte der deine Abwesenheit dazu nutzen, mich anzuquatschen, geh ich durch die Decke.«

Während Björn an die Bar marschierte, setzte ich meine finsterste Miene auf und ignorierte den Spanner demonstrativ – um im nächsten Moment festzustellen, dass er es offenbar nicht auf mich, sondern auf meinen Kumpel abgesehen hatte. In Nullkommanix waren die beiden im angeregten Gespräch. Als Björn schließlich mit zwei Gläsern Cola-Rum zu mir zurückkehrte, grinste er bis über beide Ohren. Plötzlich kam ich mir etwas egozentrisch und hysterisch vor, nahm ihm verlegen ein Glas ab, trank hastig und nuschelte: »Na, das ist ja gerade noch mal gutgegangen.«

Als er geheimnisvoll schwieg, meinte ich irgendwann: »War er wenigstens nett?«

Björn nickte, schwieg weiter und nuckelte grinsend an seinem Strohhalm. Was war denn heute bloß los mit den Kerlen? Hatte sich jetzt auch noch mein eigener Kumpel zum Ziel gesetzt, mich in den Wahnsinn zu treiben? War es nicht logisch, dass ich neugierig war? Konnte er nicht einfach von sich aus erzählen, worüber sie geredet hatten? Anscheinend nicht. Wo die anderen zu viel gelabert hatten, fehlte es nun an den entscheidenden Worten.

»Und?«, bohrte ich nach. »Was wollte der Macker?«

»Der Macker heißt Landolf«, antwortete Björn. Es folgte eine bedeutsame Pause. Dann ließ er die Bombe platzen: »Und er würde sich gerne mal mit dir unterhalten.«

Sofort war meine Verlegenheit wie weggeblasen und meine Antihaltung wieder da. Hatte ich es doch gewusst! Noch so ein Spinner, der mir schleimige Komplimente machen wollte. Der seine dreckigen Phantasien auf mich projizieren wollte. Der mir Schweinereien zuflüstern und auf die Titten glotzen wollte. Und der obendrein nicht mal Manns genug war, mich selbst anzusprechen und seine Schelle höchstpersönlich zu kassieren, sondern meinen Kumpel vorschickte. Brüllen oder toben war jetzt die Frage. Oder beides auf einmal? Oder …

»Die Unterhaltung soll aber rein professionell sein«, nuschelte Björn.

»Pro was? Prosexuell? Na, warte, dem Penner werd ich's zeigen.«

Ich tobte bereits in Richtung Bar, als Björn mich am Arm packte und laut und überdeutlich in mein Ohr sprach:

»Pro-fes-sio-nell, Alex! Also beruflich! Oder geschäftlich! Nenn es, wie du willst. Auf jeden Fall hat es nichts mit Sex zu tun.«

Wieder wurde ich ein bisschen verlegen und erkundigte mich vorsichtig, ob das wirklich stimmte. Als Björn nickte, setzte ich meinen Weg zum Tresen in gemäßigterem Schritt fort.

An der Bar erfuhr ich, dass Landolf der Veranstalter von Franchise-Partys war, bei denen der *KitKatClub* sein Konzept monatlich nach Köln und Karlsruhe exportierte. Ich hatte davon bislang nichts gewusst und hörte staunend zu, als er mir erzählte, wie er das mir so vertraute *Kitty*-Gefühl mittels abstrakter Neon-Gemälde, die im Schwarzlicht leuchteten, klassischer Goa-Deko und weißem Konfetti auf dem Fußboden in Clubs außerhalb Berlins aufleben ließ. Ich würde Landolf als Prince Charming beschreiben: als attraktiven Typen, der meist Fetisch-Uniform trägt, seine Ziele entschlossen verfolgt und die *Kitty*-Philosphie mit Leidenschaft vertritt. Es bedurfte also nicht viel Überzeugungsarbeit, als er mich fragte, ob ich bereit wäre, bei seinen Partys die Einlasskontrolle zu übernehmen.

Die Türpolitik bei Fetisch-Events hat eine größere Bedeutung als bei normalen Clubs. Es gibt in der Regel nicht nur eine Tür, die direkt in den Barbereich mündet, sondern zwei. Die erste führt in einen Garderoben-Vorraum. Dort können sich Gäste, die nicht schon im Fetisch-Outfit angekommen sind, umziehen. Die zweite Tür gewährt Zugang zum Club und dient der finalen Kontrolle, ob der Gast den Dress-code-Kriterien des Abends entspricht. Im *KitKat* ist normalerweise alles erlaubt, von glamourös bis bizarr und von Ganzkörperlatex bis nackt. Nur der Normalo-Look aus Jeans und T-Shirt ist ein No-Go. Als jahrelange *Kitty*-Gängerin war ich mit diesen Regeln bestens vertraut. Zusätzlich konnte ich meine Erfahrung von der *Rush*-Tür vorweisen. Landolf und ich waren uns schnell einig. Wir tauschten Nummern, verabredeten, am Montag noch mal zu telefonieren, und stießen sogar auf gute Zusammenarbeit an. Nach dem Gespräch war ich so aufgekratzt, dass sich meine Antihaltung komplett umdrehte. Statt Fräulein Rühr-mich-nicht-an zu spielen, quatschte ich in meiner Euphorie selbst alle möglichen Leute an.

Beim Verabschieden meinte Landolf zu mir: »Gut zu wissen, dass du auch so lieb sein kannst. Obwohl die Domina-Miene von vorhin dir auch gut steht. Genauso ein Chamäleon wie dich brauche ich.«

So endete ein Abend, der mit anzüglichen Plumpheiten begonnen hatte, mit einem der schönsten Komplimente, die ich je bekommen habe. Seitdem bin ich im Erwartungsmodus. In zwei Wochen steigt die nächste *Kitty*-Party in Köln. Mit mir an der Tür. Die Zugfahrten übernimmt der Club. Ist ja eine Dienstreise. Endlich eine neue Herausforderung!

»Ich nehme an, dass Nina in diesem Fall einspringen wird. Oder was meinst du? … Hallo? Alex, bist du noch dran?«

Die Worte meiner Mutter am Telefon holen mich zurück in die Gegenwart.

»'tschuldigung, Mama, ich war grad nicht bei der Sache.«

»Na, wegen der Beerdigung, meine ich. Nina hatte ja ein engeres Verhältnis zu ihm als du. Sie hat doch vor ein paar Jahren sogar noch mal bei ihm gewohnt.«

Ach ja, ursprünglich ging es hier ja um den Abgang meines Erzeugers. Gedanklich hab ich damit schon fast wieder abgeschlossen. Sein Tod bedeutet für mich nicht mehr, als dass es einen Fremden weniger auf der Welt gibt. Gestorben ist dieser Mann für mich schon vor über zwanzig Jahren. Ob das für Nina anders ist? Vermutlich. Sie ist immerhin vier Jahre älter als ich und hat als Kind noch ein bisschen was von ihm mitbekommen. Mir wurde auch immer wieder erzählt, dass sie ihm viel ähnlicher sei als ich. Ich kann das nicht beurteilen, aber es würde passen. Denn eigentlich ist meine Schwester für mich inzwischen auch nur noch eine Fremde.

Die Frau, die meine
Schwester war

Rückblende auf die Zeit meiner Beziehung mit Olli: Die Schmetterlinge im Bauch waren verflogen, und das nervenaufreibende Leben zwischen Diebeszügen und Prügelattacken war bereits erschreckende Alltäglichkeit geworden. Eines Morgens saßen wir zusammen in der S-Bahn. Keine Ahnung, wo wir hinfuhren. Vermutlich zu irgendwelchen Kumpels nach Steglitz, um dubiose Geschäfte einzufädeln, vielleicht auch zu unserem Kaffeeklau-Supermarkt in Lichtenrade. Es war Dezember. Das weiß ich deshalb so genau, weil hinter den beschlagenen S-Bahn-Scheiben ständig Weihnachtsdekorationen blinkten und Olli mir mit seiner blauen Fliegerjacke gegenübersaß, die er nur im Winter trug. Die Jacke war bis auf Brusthöhe geöffnet, und an der Stelle, an der sich der Reißverschluss teilte, ragte eine zusammengerollte Zeitung hervor. Es war reine Langeweile, dass ich irgendwann darauf zeigte und meinte: »Was is'n das für 'ne Zeitung?«

Olli, der zuvor schläfrig aus dem Fenster geguckt hatte, war auf einen Schlag hellwach.

»Ach du Scheiße, das hätt ich ja fast vergessen.«

Er setzte sich auf, zog die Zeitung aus der Innentasche und rollte sie auf den Knien auseinander. Es wirkte fast feierlich, wie er das Papier glatt strich, doch in seinem Blick funkelte etwas Teuflisches. Schließlich nahm er das Titelblatt zwischen beide Hände und hielt es mir mit ausgestreckten Armen vor die Nase.

Das Erste, was ich wahrnahm, war die fette Schlagzeile: »Ja zum Hurenparagraphen!«

Das Zweite war Ollis Frage: »Das ist doch deine Schwester, oder?«

Das Dritte war: ein Foto von Nina. Auf dem Titelblatt der BZ. Flankiert von der genannten Überschrift und dem Zusatz: »So denken Frauen vom Strich über das Prostitutionsgesetz«.

Für einen winzigen Augenblick stand die Welt um mich herum still. Es gab nur mich und das Bild und die Wörter in der Schlagzeile. Nur sehr langsam fügten sich die Inhalte und Botschaften zusammen. Sobald ich den Sinn des Artikels erfasst hatte, hob ich den Kopf. Und sah im nächsten Moment Ollis halb fragendes, halb grinsendes Gesicht. Dann gab ich ihm eine schallende Ohrfeige.

Ich weiß nicht mehr, wo wir ausstiegen, aber es war nicht die Station, die ursprünglich unser Ziel gewesen war. Ich musste raus aus der stickigen S-Bahn, durchatmen und schreien. Olli anschreien, weil er die Taktlosigkeit besessen hatte, mich in einem vollbesetzten Waggon mit einem Huren-Cover meiner eigenen Schwester zu konfrontieren. Meinen Schreck herausschreien. Das Schicksal anschreien, dass es Nina nach all den Tälern, die sie durchschritten hatte, nun auch noch auf den Strich getrieben hatte.

Die Abgeklärtheit, die ich durch die Stripperei bezüglich solcher Dinge bekommen sollte, hatte ich damals noch nicht. Genauso wenig hatte ich die Information, dass der Straßenstrich wirklich noch tausendmal härter war als alles, was im geschützten Raum einer Tabledance-Bar ablief. Das Einzige, was ich hatte, war das dunkle Gefühl, dass die Frau, mit der ich vor langer, langer Zeit im Partnerlook den Brautschleier meiner Mutter getragen hatte, die mich nach den ersten Schlägen von Bodo in den Arm genommen hatte, die sich irgendwann gegen mich gewendet und mir bei einer unserer letzten Begegnungen fast das Genick gebrochen hatte, nun wirklich ganz unten angekommen war. Ich schrie laut auf, doch mein Schreien wurde bald von Tränen der Verzweiflung erstickt.

Rückblickend kann ich sagen, dass ich mit meinem dunklen Gefühl nicht falschlag. Der Lebensweg meiner Schwester ist tatsächlich eine große Abwärtsspirale. Die Gewaltexzesse, die Verwahrlosung, der Abrutscher in die rechte Szene – das alles war nur der Anfang gewesen. Es ging weiter mit Drogen und einem kurzfristigen Abstecher nach Bayern, bei dem sie anfing, Heroin zu nehmen. 1997 versuchte sie, sich das Leben zu nehmen. Wir feierten gerade den Geburtstag meiner Oma, als der Anruf aus Kolbermoor kam. Eine Nachbarin hatte Nina bewusstlos in der Wohnung gefunden. Sie hatte sich mit Alkohol und Tabletten das Leben nehmen wollen. Meine Mutter fuhr sofort hin. Als sie in der Klinik ankam, fand sie ihre Tochter ans Bett fixiert vor. Anschließend kam Nina für eine Weile nach Rosenheim in die Psychiatrie. Der Wechsel ins Prostitutionsgewerbe muss relativ bald nach ihrer anschließenden Rückkehr nach Berlin passiert sein.

Als ich meiner Mutter von der BZ-Geschichte erzählte, wusste sie jedenfalls schon eine Weile, dass Nina anschaffen ging. Sie hatte es mir nur nicht erzählt, um mich zu schonen. Vielleicht auch, um sich nicht mit ihren eigenen gescheiterten Versuchen auseinandersetzen zu müssen. Meine Mutter verlor nie den Glauben an ihre Kinder, deshalb half sie nicht nur mir, sondern auch Nina immer wieder. Erfolglos. Die

Wohnung, die sie ihr finanzierte, verwahrloste, die Möbel, die sie ihr kaufte, wurden weiterverscherbelt. Dass an meine Schwester kein Rankommen war, musste ich später selbst lernen. Als ich mich in der Tabledance-Szene einigermaßen etabliert hatte, versuchte ich mehrfach, ihr Jobangebote zu vermitteln oder sie wenigstens in Läden reinzukriegen, in denen sie sich die Männer aussuchen und gutes Geld verdienen konnte. Sie wollte das gar nicht. Sie verdingte sich lieber in Billigpuffs, anstatt sich von mir helfen zu lassen. Irgendwann gab ich es auf.

Bis heute neigt Nina zu Aggressionen und hat ein Drogenproblem. Sie müsste dringend eine Therapie machen, aber auch die lehnt sie ab. Ein paarmal haben wir versucht, mit ihr über die Zeit mit Bodo zu sprechen. Zu erfahren, ob es wirklich nur Schläge waren, die damals hinter der verschlossenen Tür stattfanden. Die Art, wie sie sich nach diesen Jahren krass veränderte, die Drogen, der Selbstmordversuch, das Anschaffen – all das sind eigentlich klassische Folgen von sexuellem Missbrauch. Wenn man Nina auf diese Zeit anspricht, weicht sie aber immer aus oder macht komplett zu. Vermutlich spricht auch das Bänge. Das Geld für das Begräbnis meines Erzeugers hat sie am Ende übrigens wirklich bezahlt. Sie war die Einzige, die zur Beerdigung ging. Sonst war niemand da. Eine traurige Vorstellung, die ihr eine Mahnung hätte sein können. Auf so einsame Weise will doch keiner enden, oder? Vielleicht ist sie ihrem Vater aber einfach zu ähnlich, um seinen Tod als Warnung zu verstehen.

10. August 2012 –
Ein Mann, kein Kind

Ich bin verknallt! Sowohl ins Leben als auch endlich mal wieder in einen Typen. Irgendwie läuft gerade alles super. Meine *Kitty*-Einsätze in Köln und Karlsruhe waren ein voller Erfolg. Ich arbeite mit einer Frau zusammen, die Curiosita heißt. Sie kümmert sich darum, dass im Club alles rundläuft, ich mache die erste und die zweite Einlasskontrolle. Für mich ist es total interessant, die Unterschiede zwischen den regionalen Mentalitäten zu beobachten. Ich bin seit Jahren die bunten Gestalten der Berliner Feierszene gewohnt. Das ist ein schräger Individualisten-Haufen, in dem sich nackte Operntänzer an der Hundeleine über die Tanzfläche führen lassen, brave Sekretärinnen zu verruchten Burleske-Schönheiten mutieren, Polizisten zu Ledersklaven werden und Szene-Veteranen im Rentenalter mit jungen Stripperinnen und Go-go-Boys um die Wette tanzen. In Karlsruhe ist die Atmosphäre ganz anders. Der Akzent liegt viel mehr auf SM als auf Glamour. Die Leute nehmen die Dresscodes und Rollenspiele sehr ernst, der Begriff »Schwarze Szene« entlädt sich in einer eher düsteren Versammlung von Outfits und Phantasien. Als Frau an der Tür bin ich die Jurorin, die den Optik-Check vorm großen Auftritt macht, aber ich bin auch die Verbündete, die den Übergang von der Alltagspersönlichkeit zur Fetischfigur begleitet. Eine Funktion, der man in Karlsruhe viel Bedeutung beimisst. Deshalb sind die Leute am Anfang meist zurückhaltend oder sogar ehrfürchtig, später aber umso herzlicher. Köln ist dagegen superfamiliär. Es kommen viele Pärchen und viele Schwule, jeder scheint jeden zu kennen, und ich wurde von Anfang an so behandelt, als wäre ich schon seit Jahren dabei. Beides empfinde ich als Horizonterweiterung und damit als große Bereicherung. Zurück in Berlin, arbeite ich neben dem *Rush* inzwischen auch im *Coco Jungle*, einer schönen Cocktailbar im Prenzlauer Berg. Dort habe ich im Rahmen meiner Barkeeper-Umschulung ein Praktikum gemacht. Es lief so gut, dass ich jetzt ein paar Tage in der Woche als Tresenkraft und Kellnerin mitmische. Macht total Spaß, mal wieder mitten im Geschehen zu sein. Außerdem habe ich dort zum ersten Mal den Mann getroffen, den ich inzwischen liebevoll »meinen Bullen« nenne.

Er ist Polizist, er sieht echt geil aus, und er hat es faustdick hinter den Ohren. Beim ersten Mal haben wir nur ein bisschen an der *Coco*-Bar rumgeflirtet. Er hat demonstrativ die Drinks für sich und seine Kumpels bei mir geordert, beiläufig Komplimente über meine Arbeit gemacht und mich den ganzen Abend nicht aus den Augen gelassen. Das war alles ganz sexy, aber ich war zu beschäftigt, um mir größere Gedanken drüber zu machen – bis ich ihn zwei Wochen später im *Kitty* wiedertraf. Da stand er auf einmal mit freiem Oberkörper, Bikerhose und Stiefeln vor mir. Sah schon geil aus, seine Muskeln mal ohne T-Shirt zu sehen. Und weil ich diesmal als Gast unterwegs war und nicht arbeiten musste, konnten wir sogar in Ruhe reden. Das haben wir auch in einer bemerkenswerten Offenheit getan. Ich habe selten einen Mann erlebt, der auf meine Geschichte so offen und interessiert reagiert hat wie er. Und ich habe selten Männer getroffen, die auf der einen Seite echtes Interesse signalisieren können, auf der anderen Seite aber ohne großen Eiertanz gestehen, dass sie gerade eine aufreibende Beziehung hinter sich haben und nur auf Vergnügen aus sind.

»Eigentlich suche ich nur ein bisschen Spaß«, dieser Satz klang offen und ehrlich. Obwohl ich mir eigentlich eine Beziehung wünsche, kann ich diese Haltung nachvollziehen. Meine Operation ist inzwischen über zwei Jahre her, und ich bin an einem Punkt, an dem ich viele Ängste überwunden habe und gleichzeitig spüre, wie sie mich stärker gemacht haben. Ich bin viel leichter und ab und an bereit, mich auf ein Abenteuer einzulassen. Warum also nicht ein bisschen Spaß haben? Vielleicht wird ja mehr draus? Denn dass es sofort Klick gemacht hat zwischen meinem Bullen und mir, ist nicht zu übersehen.

Drei Monate hatten wir so etwas wie eine Affäre. Anfangs war es mehr eine Bettgeschichte als eine Beziehung, aber zuletzt trafen wir uns immer öfter auch tagsüber, abseits der Feiermeilen. Auch hier harmonierten wir erstaunlich gut. Er sagt, ich bin die erste Frau in seinem Leben, die unabhängig ist, die ihr eigenes Geld verdient und die nicht klammert. Er kommt aus einer ziemlich spießigen Familie, zu der er zwar ein enges Verhältnis hat, aber auch ein Gegengewicht sucht, mit dem er seine wilde Seite ausleben kann. Das kann er mit mir. Ich wiederum genieße, dass er mich nicht als Betthäschen, sondern als ebenbürtige Partnerin behandelt. Er ist ehrlich, was seine Vorgeschichte und seine Wünsche betrifft, und er akzeptiert meine Vergangenheit als Teil von mir, ohne sich über sie zu erheben. Logisch, dass im Bekanntenkreis irgendwann Fragen laut wurden, was da eigentlich läuft zwischen uns. Ob wir nur Freunde sind oder ein Paar, ob wir nur miteinander ins Bett gehen oder mehr voneinander wollen.

Gestern Nacht haben wir uns diese Fragen zum ersten Mal selbst gestellt. Irgendwann kamen wir zu dem Schluss, dass wir schon jetzt alle Kriterien einer Lovestory erfüllen. Und schließlich meinte er: »Okay, dann probieren wir es doch einfach mit einer Beziehung.«

Bei diesen Worten wurde mir zum ersten Mal bewusst, wie verknallt ich in den Burschen bin. Wir haben die Aufwertung unseres Status mit einer heißen Nacht besiegelt. Auf einmal war da eine neue Intensität im Spiel, eine neue Zuneigung, die ich vorher so nicht gespürt hatte. Kurz vorm Einschlafen nahm er mich in den Arm und raunte mir zärtlich ins Ohr: »Sag mal ... Willst du eigentlich auch ein Kind haben?«

Für einen Augenblick gefror ich in seinen Armen zur Salzsäule. Dann setzte ich mich auf und musste mich kurz sammeln. Ohne es zu wissen, hatte er mit dieser Frage die Tür zu einem Teil meiner Vergangenheit aufgestoßen, den er noch nicht kannte. Den kaum jemand kennt, weil ich ihn tief in meinem Innern vergraben habe.

»Ähm ...«, stammelte ich. »Wo du das gerade ansprichst ...«

»Hab ich was Falsches gesagt?«

»Nein, schon in Ordnung, kannst du ja nicht wissen, aber ...« Es fiel mir schwer, die richtigen Worte zu finden. »Ich kann kein Kind bekommen. Und selbst wenn ich könnte, würde ich keins wollen.«

Jetzt setzte auch er sich auf und sah mich ernst von der Seite an: »Warum denn nicht?«

Es dauerte eine Weile, bis ich den Mut fand, mich seinem fragenden Blick zu stellen und ihm direkt ins Gesicht zu sagen: »Du willst wissen, warum ich kein Kind kriegen will? Ganz einfach. Ich hab schon eins.«

Neun Monate Abschied

Rückblende. Der Drogenentzug bei meiner Oma war ein Dreivierteljahr her, meine Kontakte zur Roseneck-Gang in Lichtenrade hatte ich wieder hergestellt, die Beziehung mit Olli steckte in ihren harmonischen Anfängen. Es hätte alles gut sein können, wenn da nicht meine permanente Übelkeit und gelegentliche Brechattacken gewesen wären. In den Wochen zuvor hatte ich ohne Vorsatz oder Diätpläne massiv abgenommen und unter notorischer Appetitlosigkeit gelitten, jetzt kamen auf einmal Fress-Flashs und Kotzerei dazu. Anfangs fühlte ich mich wie eine Magersüchtige wider Willen, dann sah ich im Fernsehen einen Bericht über schwangere Frauen und stellte fest, dass meine Symptome denen der Damen auf dem Bildschirm extrem ähnlich waren. Ich ging in die Apotheke und besorgte mir einen Schwangerschaftstest, den ich zu Hause auf der Toilette ausprobierte. Er war positiv. Nach dem Ergebnis saß ich bestimmt eine Stunde lang auf der Kloschüssel und starrte die Wand an.

Zugegeben: In meinem Leben waren in der letzten Zeit viele Dinge passiert, die ich nicht geplant hatte, aber das hier war nun wirklich das Letzte, was ich mir wünschte. Ich wollte kein Baby. Auch wenn ich im September 18 geworden war, war ich doch selbst noch ein halbes Kind. Noch vor einem Jahr war ich mit Jeanette druff wie ein Huhn und mit Pupillen groß wie Autoreifen durch den *Tresor* geschossen. Ich hatte keinen Plan, ich hatte keinen Job, ich hatte keine eigene Wohnung. Das Einzige, was ich hatte, war eine relativ frische Beziehung mit einem Typen, der mit Sicherheit auch nicht gerade begeistert von meiner Schwangerschaft gewesen wäre. Er war nämlich nicht der Vater.

Ich ging zum Frauenarzt, um einen Bestätigungstest zu machen. Auch der kam positiv zurück. Und er ergab, dass ich bereits im dritten Monat war. Meine Vermutung, dass das Kind nicht von Olli sein konnte, war damit bestätigt. Die Glückwünsche des Arztes und der Sprechstundenhilfen flatterten in mich hinein wie Mücken in einen Fleischwolf. Sie wurden sofort zermalmt von der Gedankenmühle, die in meinem Kopf zu arbeiten begann. Erst im Oktober wurde mir wieder eine neue Pille verschrieben. Als ich in der Pubertät meine Periode bekommen hatte, hatte ich nämlich Sturzblutungen, die meine Ärztin reduzierte, indem sie mir sehr früh die Pille verschrieb. Weil mein Hormonhaushalt empfindlich darauf reagierte, wurden Dosierung und Wirkstoffe seither regelmäßig überprüft und ausgetauscht, sonst hätte die Gefahr eines Wirkungsverlusts oder erneuter Blutungen bestanden. Das war nicht angenehm, aber es war für mich zur lästigen Normalität geworden. Und auch wenn ich wusste, dass die Umstellungsphasen von einem Präparat zum nächsten die Gefahr eines zwischenzeitlichen Ausfalls des Schwangerschaftsschutzes mit sich brachten, war es im Oktober zu einer Kurzaffäre mit Dirk gekommen. Ich war zu diesem Zeitpunkt noch mit T zusammen, hatte mit der Beziehung aber längst abgeschlossen und schon seit Monaten keinen Sex mehr mit ihm gehabt. Als dann eines Nachmittags Dirk in der Tür stand, um sich sein Gras bei uns zu besorgen, passierte es. T war nicht zu Hause, ich fühlte mich total vernachlässigt, Dirk fand mich toll. Auf der Suche nach Nähe und Halt stürzten wir beiden Chaoten uns Hals über

Kopf in ein Techtelmechtel, das nicht mehr als ein ungeplantes Auflodern körperlicher Anziehung war. Es stand nie zur Debatte, dass etwas Festes daraus werden könnte, und niemand hätte je davon erfahren müssen. Dass wir keine Gummis benutzt hatten, versteht sich von selbst. Schön blöd, musste ich im Nachhinein gestehen. Schließlich war mir klar gewesen, dass Dirk bereits eine Tochter hatte. Ebenfalls von einer Frau, mit der er nicht mehr zusammen war. Er hatte offenbar ein Talent dafür, im falschen Moment mit der falschen Partnerin den goldenen Treffer zu landen. Nach dem positiven Schwangerschaftstest sah ich seine Vorgeschichte allerdings auch als Chance auf Verständnis. Vielleicht konnte er mir ja sogar Ratschläge geben, was als Nächstes zu tun sei. Ich rief ihn an und meinte, wir müssten uns treffen. Er sagte sofort zu. Drei Stunden später saßen wir auf einer Parkbank nahe des Rosenecks in der Kälte, und ich brachte nach ein paar verlegenen Smalltalk-Minuten endlich die entscheidenden Worte über die Lippen.

»Ich muss dir was sagen«, stammelte ich gequält. »Wir hätten vor ein paar Wochen vielleicht doch besser aufpassen sollen.«

»Wieso?«, erwiderte er alarmiert. »Hat irgendwer was mitbekommen?«

»Ich wünschte, es wäre nur das«, musste ich beinahe lachen. »Nein, ich bin schwanger.«

Als ich nach dem letzten Satz seinen Gesichtsausdruck sah, blieb mir mein gequältes Lachen im Halse stecken. Jegliche Verbindlichkeit erstarrte, jegliche Freundschaftlichkeit war von einem Moment auf den nächsten verschwunden. Dafür sprach seine Körperhaltung auch ohne Worte zu mir. Erst richtete er sich auf und rückte ein Stück von mir ab. Dann holte er tief Luft und sprang hoch.

»Und wieso erzählst du mir das?«, fauchte er, ohne mir in die Augen zu sehen.

»Ich dachte, du hast ein Recht darauf, Bescheid zu wissen«, erwiderte ich. »Außerdem hatte ich gehofft, du hast vielleicht einen Vorschlag, was wir jetzt machen sollen.«

»Wir?« Dirk brüllte dieses Wort förmlich. Kurz darauf traf mich ein Blick, der die ohnehin frostigen Außentemperaturen um ein paar weitere Grade abstürzen ließ. »Was heißt hier ›wir‹? Woher willst du wissen, dass das Balg von mir ist? Du Schlampe hast doch mit Hunderten von Typen gefickt.«

Wie bereits erwähnt, hatte ich in meiner Anfangszeit in Lichtenrade ein paar unverbindliche sexuelle Erfahrungen gesammelt. Diese Phase war zwar mittlerweile zwei Jahre her, aber der schlechte Ruf, den sie mir eingebracht hatte, hatte sich gehalten. Vielleicht hätte ich darauf gefasst sein müssen, dass er mir in dieser Situation auf die Füße fallen würde, aber das war ich nicht. Die Kälte und die Schroffheit, mit denen mir Dirk seine Worte entgegenschleuderte, trafen mich wie ein Faustschlag.

»Nee, hab ich nicht«, keifte ich zurück und hasste mich im selben Moment dafür, dass es wie eine Rechtfertigung klang. »Ich weiß hundertprozentig, dass das Kind von dir ist.«

Eine kurze Ewigkeit sahen wir einander feindselig in die Augen wie Gladiatoren vorm Kampf. Dann zog er auf einmal blitzschnell ein Springmesser aus der Tasche und ließ es aufschnappen. Im nächsten Augenblick stand er neben mir und hielt mir die Klinge unter die Nase.

»Ich warne dich«, zischte er. Sein Mund war so nah, dass ich seinen warmen Atem im Gesicht spürte. »Wenn du das Kind behalten willst, gehe ich jetzt auf der Stelle mit dir in die Büsche und steche dir in den Bauch.«

Ich hätte heulen, schweigen oder um Hilfe schreien können, aber aus irgendeinem Grund drang nichts als ein bitteres Lachen aus meiner Kehle.

»Mach dir mal keinen Kopf«, sagte ich, stieß ihn von mir weg und stand auf. »Ich werde dieses Kind nicht behalten.«

Worüber ich gerade gesprochen hatte, hatte ich bislang nicht mal vor mir selbst in dieser Klarheit formuliert. Die Begegnung mit dem »Vater« und seine beängstigende Reaktion führten mir schlagartig vor Augen, dass ein Baby weder zu meiner Gedankenwelt noch zu meinem sozialen Umfeld passte. Während ich mich mit bemüht gelassenen Schritten von der Parkbank entfernte und mich darauf konzentrierte, mich nicht noch mal umzudrehen, hallte der Satz »Ich werde dieses Kind nicht behalten« wie ein Mantra in meinem Kopf wider. Vielleicht wurde er sogar zur Gewissheit. Gleichzeitig kämpfte ich die Angst nieder, die Dirks letzte Worte in meinem Innern toben ließ. Was, wenn er mir nachrannte? Was, wenn er seine Drohung wahrmachte? Was, wenn er mich an der nächsten Hecke einholte und mir das Messer in die Eingeweide rammte? Ich muss zugeben, dass mich diese Angst in den folgenden Monaten nie vollständig verließ. In Wirklichkeit war Dirks Angst vor Unterhaltsansprüchen aber wahrscheinlich viel größer als meine Angst vor seiner Aggressivität. Er ließ sich von diesem Tag an kaum noch blicken. Ernsthaft gesprochen haben wir seit diesem Tag nicht mehr.

Weil ich mit dem einzigen Mann, den die Schwangerschaft wirklich betraf, nicht vernünftig reden konnte und mit dem Mann, mit dem ich inzwischen eine neue Beziehung angefangen hatte, noch nicht zu reden wagte, war meine nächste Anlaufstelle meine Mutter. Ich kann mich nicht mehr so richtig an das erste Gespräch erinnern, aber ich muss so vage geblieben sein, dass sie die »frohe Botschaft« in den falschen Hals bekam.

Sie erzählte anschließend meinem Onkel und meiner Oma, dass ich schwanger war, die es wiederum anderen Familienmitgliedern weitertratschten, so dass ich zu Weihnachten von allen möglichen Leuten Babyklamotten und Spielzeug geschenkt bekam. Inzwischen ließ sich die Neuigkeit natürlich auch vor Olli nicht mehr verheimlichen. Der dachte zuerst, das Kind sei von ihm. Für ein paar Sekunden überlegte ich, ob ich ihn in dem Glauben lassen sollte, aber ich hatte keine Lust auf Lügen. Nachdem er die Wahrheit erfahren hatte, war das Thema für ihn erledigt. Er machte mir keine Vorwürfe, aber er nahm auch nicht wirklich Anteil. Er ignorierte die Schwangerschaft einfach. So verstrichen Weihnachten und Silvester, indem ich die hysterische Begeisterung wohlmeinender Gratulanten einerseits abwehrte, mich andererseits aber auch vor einer klaren Entscheidung drückte.

Ich verdrängte das Thema. Erst an einem total verregneten Nachmittag im späten Januar war ich wieder beim Arzt, um mich über die Möglichkeiten einer Abtreibung zu erkundigen. Ich hatte Olli gebeten mitzukommen, deswegen saßen wir zusammen im Wartezimmer. Auf einmal fing er an, mich zu belatschern, das Kind doch zu bekommen. Ich dachte, ich höre nicht richtig.

»Spinnst du?«, flüsterte ich. »Jetzt hab ich mich endlich entschieden, da kommst du mir mit so was?«

»Na, eigentlich ist das ja auch Mord.«

»Mord?«

»Na, 'ne Abtreibung.«

»Willst du mir ein schlechtes Gewissen machen? Das fällt dir ja früh ein.«

So gab ein Wort das andere, und nach kürzester Zeit befanden wir uns in einem immer lauter werdenden Streit, der mir vor den anderen Patienten so peinlich war, dass ich meinte: »Los, wir gehen!« Fluchtartig verließen wir die Praxis. Als wir aus dem Haus traten, hatte es aufgehört zu gießen, und am Himmel prangte ein fetter Regenbogen. Ich weiß das noch so genau, weil ich ihn als ein Zeichen empfand. Allerdings wusste ich nicht, wofür es stand. Am Ende waren die Farben am Himmel vielleicht eher ein Warnsignal als eine Segensbekundung. Als ich das nächste Mal einen Termin beim Arzt bekam und diesmal bewusst alleine hinging, war es zu spät. Eine Abtreibung kann nur bis zur 13. Schwangerschaftswoche durchgeführt werden. Die war bei mir inzwischen verstrichen. Jetzt blieb nur noch die Möglichkeit, nach Holland zu gehen.

Mal wieder hielt ich Kriegsrat mit meiner Mutter. Sie war entschieden gegen Holland, meinte, der Eingriff sei zu gefährlich. Angesichts des Babybauches, den ich mittlerweile vor mir hertrug, konnte ich ihr nicht mal widersprechen. Dafür machte ich ihr erstmals unmissverständlich klar, dass ich mich nicht reif fühlte für ein Baby. Ich erklärte ihr, dass ich dem Kind nichts zu bieten hatte: keine Wohnung, keine Sicherheit, nicht einmal einen richtigen Vater. Meine Mutter reagierte darauf mit einem letzten Test. Sie ging mit mir shoppen. Offiziell, um mich auf andere Gedanken zu bringen, in Wahrheit aber wollte sie mich in einem unerwarteten Moment in die Baby-Abteilung bugsieren und mich mit Schühchen, Stramplern und Lätzchen konfrontieren. Sie forderte mich auf, mir den Kram eine Weile in Ruhe anzugucken. Dann meinte sie: »Jetzt beschreib mal, was du fühlst. Wecken diese süßen Klamotten bei dir nicht irgendeine Emotion? Welche auch immer?«

Vermutlich wollte sie irgendwas von Muttergefühlen hören, doch angesichts der flauschigen Miniaturen-Kollektion in Blassblau und Zartrosa regte sich bei mir nur ein Gefühl. So antwortete ich ihr wahrheitsgemäß: »Wenn du's wirklich wissen willst: Verzweiflung.«

Nach dieser Ansage gab es keine weiteren Fragen. Noch einmal diskutierten wir das Thema Holland, verwarfen den Gedanken aber schnell und kamen so auf den letzten Ausweg. Adoption. Ich fand den Gedanken, die komplette Schwangerschaft zu durchleben und das Kind anschließend wegzugeben, anfangs viel zu heftig. Aber was war die Alternative? Das Baby behalten und ihm eine noch chaotischere Kindheit bieten, als ich sie selbst gehabt hatte – unsichere Zukunft inklusive? Nein, das kam nicht in Frage. Genauso wenig wollte ich meine Mutter mit einem weiteren Kind belasten. Nachdem sie mir ihre hundertprozentige Unterstützung zugesichert hatte, ließ ich mich auf den Adoptionsgedanken ein. Wir machten uns im Internet über Hilfsorganisationen kundig, gingen zur Erstberatung zu Pro Familia in Lichtenrade und bekamen dort eine Liste mit Kontakten zu Adoptionsstellen. Ich wählte die nächstgelegene Adresse und ließ mir einen Termin geben. Dort wurde es konkret. Mir wurde eine Betreuerin zugeteilt, die mir zunächst den Ablauf der Prozedur schilderte und dann ohne Ende Fragen stellte. Ob ich es mir nicht noch mal überlegen wollte? Ob ich die zukünftigen Eltern kennenlernen wollte? Ob ich eine Therapeutin benötigte, die mich durch die Schwangerschaft begleitete? Ob ich Geburtsvorbereitungskurse machen wollte? Und so weiter und so fort. Ich beantwortete alle genannten Fragen mit nein. Ich wollte mich mit der Schwangerschaft nicht intensiver auseinandersetzen als unbedingt nötig, ich wollte sie einfach nur hinter mich bringen. Vor allem aber wollte ich die Garantie, dass das Kind in gute Hände kam. Die gab mir die Betreuerin. Sie erklärte, wie umfassend und kompliziert das Bewerbungsverfahren für Adoptiveltern sei. Die Paare wurden auf Lebensumstände, geistige Reife und finanzielle Sicherheiten geprüft und nicht zuletzt dahingehend durchleuchtet, ob die Adoption wirklich ihre einzige Möglichkeit war, ein Kind zu bekommen.

Nach dem Gespräch war ich bis obenhin zugestopft mit Informationen, aber auch erleichtert. Es tat gut, endlich einen Plan zu haben. Und es tat gut, mit einer neutralen Person gesprochen zu haben, die meine Bedenken ernst nahm und mich nicht verurteilte. Dass meine eigene Situation keine Grundlage für das behütete Aufwachsen eines Babys darstellte, hatte sie keinen Moment lang angezweifelt. Zum ersten Mal wurde mir klar, dass mein Handeln von mehr Verantwortungsgefühl zeugte, als ich vermutet hatte. Denn meine Entscheidung für eine Adoption bedeutete letztlich, dass ich dem Kind die Chance auf ein gutes Leben nicht verbauen würde.

Fortan musste ich mich einmal monatlich bei der Adoptionsstelle melden und den Verlauf der Schwangerschaft zu Protokoll geben. Jedes Mal wurde ich gefragt, ob es mir gutging, ob es dem Kind gutging und ob meine Entscheidung nach wie vor Gültigkeit hatte. Gleichzeitig wurde ich auf die Zeit nach der Geburt vorbereitet. Als leibliche Mutter hatte ich die Möglichkeit, die Abgabe des Babys bis zu fünf Wochen nach der Entbindung zu widerrufen. Wenn das Kind danach doch bei den Adoptiveltern blieb, bestand die Möglichkeit, sich regelmäßig Fotos schicken zu lassen oder sporadische Besuche einzufordern. Aber all das wollte ich nicht. Der Kleine (das Ultraschallbild beim Arzt hatte mittlerweile gezeigt, dass es ein Junge werden würde) sollte in stabilen

Verhältnissen aufwachsen. Ich wollte keine Schattenfigur in seinem Leben sein, die immer mal wieder auf der Türschwelle stehen und für Unruhe sorgen würde. Wie verwirrend das Wechselspiel zwischen Abwesenheit und Anwesenheit eines leiblichen Elternteils sein konnte, hatte mir das Treffen mit meinem Erzeuger eindrücklich gezeigt. So etwas wünschte ich keinem Kind. Schon gar nicht meinem eigenen. Darum legte ich die Bedingungen der Kontaktaufnahme in seine Hände.

»Wenn der Kleine irgendwann von selbst das Interesse äußert, Kontakt aufzunehmen, ist das okay für mich«, sagte ich zur Beraterin. »Auf seinen Wunsch werde ich ihm auch erklären, wie es dazu kam, dass ich mich für eine Adoption entschieden habe. Aber er muss es selbst wollen. Er soll in einer heilen Welt groß werden. Ich will ihn nicht dafür missbrauchen, mein eigenes Gewissen zu entlasten.«

Ich genoss die ruhigen, unaufgeregten Beratungsgespräche in der Adoptionsstelle zunehmend. In der Welt außerhalb wurde der Alltag immer mehr zum Spießrutenlauf. Nachdem ich am Anfang der Schwangerschaft Gewicht verloren hatte, nahm ich jetzt massiv zu. Mein Bauch wurde zu einer riesigen Kugel, angesichts derer sich alle Fragen über meinen Zustand erübrigten. Da Lichtenrade ein Dorf ist, führte das dazu, dass ich auf der Straße alle Nase lang angesprochen wurde. Teilweise standen Leute vor mir, mit denen ich noch nie im Leben ein Wort gewechselt hatte. Sie fragten: »Und? Wird's ein Junge oder ein Mädchen?«

Oder: »Naaaa? Wann ist es denn so weit?«

Oder: »Wie schön, bald gibt's Zuwachs! Schon aufgeregt?«

Der Schwangerschafts-Smalltalk wurde besonders dann zur Herausforderung, wenn ich zusammen mit Olli unterwegs war. Dann bekamen die Leute erst zu hören, dass das Kind nicht von ihm war, und dann, dass ich es zur Adoption freigegeben hatte. Das Grinsen erfor, das ihnen ihre stereotype Erwartungshaltung auf die Gesichter gezaubert hatte, doppelt.

Wenn ich an die hasserfüllten Blicke zurückdenke, mit denen mich so gut wie jeder nach dieser Klarstellung anschaute, bekomme ich bis heute Gänsehaut. Ich wurde angeguckt wie ein Monster oder eine Hexe. Natürlich hätte ich die Wahrheit auch einfach für mich behalten können, aber das sah ich nicht ein. Ich wollte nicht rumspinnen, nur damit die anderen sich besser fühlten. Über meine Adoptionspläne Auskunft zu geben war für mich eine Frage der Ehrlichkeit. Zusätzlich war es ein Prüfungsverfahren für meine eigene Entschlossenheit. Das Vorfreude- und Glückwunsch-Gesäusel ging ja nicht spurlos an mir vorbei. Natürlich bekam ich bei jedem »Wird's ein Junge oder ein Mädchen?« Zweifel, ob es nicht vielleicht doch schön wäre, ein eigenes Kind zu haben. Und natürlich fragte ich mich bei jedem »Schon aufgeregt?«, ob ich mich durch meinen Plan vielleicht meines eigenen Glückes beraubte.

Am Ende siegte die Gewissheit, dass mit Gefühlsduselei keinem, am allerwenigsten dem Kleinen, gedient war. Zumal sich mein Verhältnis zu Olli während der Schwangerschaft stark verschlechterte. Es war die Zeit, in der wir anfingen, immer heftiger zu streiten. Und es war auch die Zeit, in der er mich die ersten Male schlug.

Zuerst wurde er zynisch und gehässig. Ich kann mich gut daran erinnern, dass wir einmal zusammen auf dem Sportplatz waren. Während er mit seinen Jungs an einem Korb Streetball spielte, nutzte ich den anderen Korb, um für mich allein ein paar Körbe zu werfen. Dazu war ich trotz meines dicken Bauchs schon noch fähig. Bei einem Wurf löste sich der Träger meiner Latzhose, der Latz klappte nach unten, und ich stand für ein paar Sekunden mit blankem Bauch da. Sofort hörte ich von hinten Ollis Stimme: »Pack bloß die Wampe wieder ein, sonst wird mir schlecht.«

Auch während der Schwangerschaft haute er mir vor seinen Fußballkumpels eine rein. In diesem Fall ging immerhin jemand dazwischen. Zum Wohle des Kindes. Ich selbst wurde von der Mannschaft mit der gleichen Verachtung gestraft, die auch die Leute beim Smalltalk mir entgegenbrachten. Es war eine harte Zeit. Mein neunmonatiger Abschied war ohnehin eine Zerreißprobe, durch mein Umfeld wurde sie aber zu einer noch viel größeren. Als ich im neunten Monat war, hatte ich 17 Kilo zugenommen und fühlte mich wie ein Spielball meines eigenen Körpers und meines Freundes. Zumal meine Wampe Olli keineswegs davon abhielt, bis kurz vor der Geburt mit mir zu schlafen. Bis er eines Abends meinte: »Scheiße, ich glaub, wir können jetzt keinen Sex mehr haben. Ich spür schon den Kopf von dem Kleinen.«

Am folgenden Morgen setzten die Wehen ein.

16. September 2012 –
Schaum vorm Mund

Als ich zu mir komme, liege ich auf der Couch. Ich fühle mich wie gerädert. Mein Bulle hockt vor mir, sieht mich ängstlich an und flüstert: »Gott sei Dank, du bist wach.«

Es ist Sonntag. Vor dem Fenster zieht die Morgensonne herauf, auf den Wangen meines Freundes sind Spuren von Tränen zu erkennen. Ich brauche eine Weile, bis ich die Erinnerung an die Ereignisse der letzten Nacht in Reihe gebracht habe. Wir waren feiern. Im *Inso* und im *Kitty*. Eigentlich war's ein lustiger Abend. Eine richtige Einfach-nur-Spaß-Action. So was war in den letzten Wochen etwas zu kurz gekommen. Seit wir beschlossen haben, eine Beziehung zu wagen, ist irgendwie die Leichtigkeit raus. Auf einmal fing mein Bulle an, an mir rumzunörgeln. Erst wollte er, dass ich mir die Haare nicht mehr färbe, dann drängte er darauf, dass ich sie mir lang wachsen lasse, und dann gerieten meine Tattoos immer mehr in die Kritik. Außerdem fiel mir auf, dass er in einigen Situationen nicht zu mir stand. Zu einem Sommerfest mit seinen Kollegen wollte er mich zum Beispiel nicht mitnehmen. Ich hab dann ein bisschen gequengelt, so dass er's am Ende doch getan hat. Aber als wir auf der Veranstaltung waren, hab ich verstanden, was das Problem war. Manche seiner Polizeikollegen haben ziemlich komisch geguckt, als sie mich buntes Huhn gesehen haben. Ich kenne solche Reaktionen und amüsiere mich darüber, aber meinem

Freund waren sie sichtlich unangenehm. Er war ganz anders als sonst. Wenn er mit seinen Feierkumpels unterwegs ist, brüstet er sich gern mit meiner auffälligen Erscheinung. Hier dagegen schien er ständig zu versuchen, mich an den Rand zu drängen, damit niemand mitbekam, dass wir zusammengehörten. Als ich ihn darauf ansprach, wurde er rot. Er meinte, das wäre halt Arbeitsumfeld und ungewohnt für ihn. Eine Woche später dann eine vergleichbare Situation. Er wollte mal wieder zu seiner Familie nach Greifswald fahren. Er fährt oft dorthin, und ich fragte ihn manchmal im Scherz, ob er mit den Besuchen den Spießer in sich selbst befriedigen würde. Schließlich erzählt er immer wieder, wie konservativ seine Familie ist. Da ich in diesem Fall zufällig ein freies Wochenende hatte, erwiderte ich auf sein »Ich fahr nach Greifswald« allerdings nur: »Hey, ich kann ja mitkommen.«

Ich hatte nicht groß über diese Worte nachgedacht. Ein bisschen bummeln, an die Ostsee fahren, gemeinsam Zeit verbringen – irgendwie so hatte ich mir das vorgestellt. Doch die Reaktion auf den Vorschlag wies meine Unternehmungslust bedingungslos in ihre Schranken. Mein Bulle stand für einen Moment stocksteif da, dann sagte er: »Nein, ich kann dich noch nicht meinen Eltern vorstellen.«

Es war überhaupt keine Rede davon gewesen, dass ich seine Eltern kennenlernen wollte. Ich war nicht mal sicher, ob ich das wollte. Trotzdem war seine Antwort bezeichnend für die Grenzen, von denen unsere Beziehung umgeben war. Sie lief gut, solange wir miteinander allein waren oder auf vertrauten Pfaden wandelten. Sobald aber Überschneidungen zu seinem Arbeits- oder Familienkreis drohten, distanzierte er sich. Mich verletzte das ein bisschen. Denn auch wenn ich mir immer wieder einredete, dass er ein Gewohnheitstier war und ich ihm mehr Zeit geben musste, wurde ich das Gefühl nicht los, dass er sich für mich schämte. Und noch ein weiterer Punkt wurde zunehmend zur Belastungsprobe: sein Kinderwunsch. Nachdem er mich in jener Nacht im August gefragt hatte, ob ich ein Baby will, hatte ich ihm die ganze Geschichte von Dirk, T, Olli und der Adoption erzählt. Ich hatte auch erwähnt, dass ich mir nach meiner Gehirn-OP die Gebärmutter habe rausnehmen lassen. Die Krankheit war für mich ein endgültiger Auslöser, mich selbst vor schwachen Momenten zu bewahren und der Möglichkeit, ein weiteres Kind zu bekommen, einen Riegel vorzuschieben. Er hörte sehr aufmerksam zu, und wie immer nahm er die Geschichte hin, ohne darüber zu urteilen oder sie zu werten. Richtig begriffen hatte er scheinbar trotzdem nicht. Immer wieder fing er mit dem Kinder-Thema an. Zuletzt heute Morgen, als wir nach dem Feiern nach Hause kamen. Diesmal hatte er einen besonders originellen Vorschlag auf Lager.

»Wenn du selbst keine Kinder bekommen kannst, können wir doch eins adoptieren.«

Das war zu viel.

»Sag mal, spinnst du?«, hab ich gebrüllt. »Einer Frau, die ihr eigenes Fleisch und Blut zur Adoption freigegeben hat, schlägst du vor, Kinder zu adoptieren? Du tickst doch nicht ganz richtig.«

Als er danach allen Ernstes anfing zu diskutieren, bin ich ausgerastet. Mein Selbstwertgefühl ist ohnehin angekratzt. Ich fühle mich hässlich und asi, weil ich scheinbar nicht vorzeigbar bin. Der Makel, keine Kinder bekommen zu können, setzt dem Ganzen die Krone auf. Viele Dämonen aus der Vergangenheit kommen wieder hoch – Schuldgefühle, Zweifel, Verlustängste –, und der Versuch, mir nichts anmerken zu lassen, schlägt mir auf die Psyche. All das brach heute Morgen aus mir heraus. Ich steigerte mich so in meine Wut hinein, dass ich die Krampfbewegungen und den Schaum vorm Mund anfangs nicht wahrnahm. Als ich sie schließlich doch bemerkte, war es bereits zu spät. Ich fiel nur noch auf die Couch und bekam einen der heftigsten epileptischen Anfälle, die ich seit der Krankenhauszeit hatte. Bestimmt zwei Stunden lag ich da, hab gekrampft und undefinierbare Laute von mir gegeben, bis ich bewusstlos wurde. Vor ein paar Minuten bin ich wieder erwacht. Mein Bulle ist völlig von der Rolle. Er hat mich noch nie so gesehen. Weil wir beim Feiern eine Pille genommen haben, hat er nicht gewagt, den Krankenwagen zu rufen, und lediglich Erste Hilfe geleistet. Sonst war er völlig ratlos.

»Ich hatte Angst, du wachst nicht wieder auf«, flüstert er erleichtert.

»Jetzt bin ich ja wieder wach«, flüstere ich zurück. »Aber du musst aufhören mit der Kinderwunsch-Arie. Du machst mich echt fertig damit. Wenn du mich liebst, lass das.«

Bauchmama

Morgens um sieben bekam ich Bauchkrämpfe, wenig später folgte die erste Wehe. Olli reagierte sofort. Er rief seine Mutter an und bat sie, uns ins Krankenhaus zu fahren. Ich hatte mich vorher nach den Kliniken mit der besten Säuglingsbetreuung erkundigt und war ans St.-Joseph-Krankenhaus in Tempelhof verwiesen worden. Dort rauschten wir nun hin. Es war ein schwüler Julimorgen, und ich schwitzte schon auf der Fahrt wie eine Irre. Aber das war an diesem Tag auch egal. Als ich zwei Stunden später in einem Operationsleibchen und mit Elektroden auf dem Bauch, die die Abstände zwischen den Wehen maßen, im Krankenhausbett lag, war ich fertig mit der Welt und von oben bis unten durchgeschwitzt. Olli hatte angeboten mitzukommen, aber ich wollte ihn gar nicht dabeihaben. Selbst meiner Mutter hatte ich verboten, ins Krankenhaus zu kommen. Diese Erfahrung musste ich mit mir selbst ausmachen.

Okay, hätte ich vorher gewusst, dass es vierzehn Stunden dauern würde, bis die Abstände zwischen den Wehen endlich kurz genug waren, um die Geburt einzuleiten, hätte ich mir vielleicht doch Beistand in die Klinik bestellt. Zumal die Schwestern außerordentlich unfreundlich waren. Bei meinen Erkundigungen über die beste Säuglingsbetreuung hatte ich nicht bedacht, dass das St.-Joseph-Krankenhaus vom Orden der Kongregation der Schwestern der heiligen Elisabeth gegründet wurde. Ich schwitzte in einem erzkatholischen

Krankenhaus. In so einer Einrichtung hatte man wenig Verständnis für eine Mutter, die ihr Kind zur Adoption freigab. Demonstrativ wurde ich mit meinem Bett in eine Ecke geschoben und mir selbst überlassen. Nur wenn ich vor Schmerzen besonders laut schrie, kam eine Schwester vorbei, um missmutig nach dem Rechten zu sehen und wortlos wieder zu verschwinden. Wenn sie doch mal mit mir sprachen, fingen sie an, mich zu bequatschen, ich solle mich nicht versündigen, in mich gehen und das Kind doch noch behalten. Dieser Vorschlag war doppelt absurd. Erstens war es ein Ding der Unmöglichkeit, in mich zu gehen, während ich in den Wehen lag. Die Wehen forderten alle Kraft und taten so weh, dass keinerlei Energie für Besinnung übrig blieb. Zweitens war es eine Unverschämtheit, mir in meiner Lage zusätzlich ein schlechtes Gewissen einzureden. Inzwischen bin ich überzeugt, dass die Schwestern sich mit ihren Überredungsversuchen mehr versündigten als ich mit meiner wohlüberlegten Entscheidung, das Kind wegzugeben. Doch auch solche Überlegungen verpufften im vierzehnstündigen Martyrium meiner nicht enden wollenden Wehen.

Als ich endlich in den Kreißsaal geschoben wurde, war es Abend. Die Entbindung wurde von einem Arzt und zwei Schwestern durchgeführt. Mir wurden so grob die Beine hochgerissen, dass ich mir dabei den linken Oberschenkel zerrte. Dieser Schmerz war allerdings harmlos gegen alles, was danach kam. Es war eine schreckliche Prozedur. Erst verpassten sie mir einen Einlauf, dann wurde die Fruchtblase angeritzt, dann ging das berühmte Pressen los. Ich hatte ein gutes Lungenvolumen und konnte einiges an Schmerzen wegstecken, aber die Geburt war so anstrengend und qualvoll, dass ich zwischendurch fast wegsackte. Ich weiß nicht, wie lange es dauerte, bis der Kleine endlich rausflutschte.

Dafür ist mir der groteske Dialog nach der Entbindung lebhaft in Erinnerung.

Erste Schwester: »So, jetzt bitte noch mal pressen, wir müssen noch die Nachgeburt rausholen.«

Ich: »Wie bitte? Kommt da jetzt noch eins raus?«

Zweite Schwester: »Unsinn, kein zweites Baby.«

Ich: »Sondern?«

Erste Schwester: »Jesus Maria, die Nachgeburt. Und nun pressen Sie schon.«

Ich tat einfach, was sie von mir wollten. Daraufhin flutschte es ein zweites Mal, und die Nachgeburt, von der ich bis zu diesem Zeitpunkt noch nie etwas gehört hatte, war draußen. Danach mussten sie mich nähen, weil sie unten ein Stückchen geschnitten hatten. Alles in allem ziemlich eklig das Ganze. Die größte und gemeinste Prüfung war für mich trotzdem der Zeitpunkt, als die Nabelschnur durchgeschnitten worden war und die Schwester Anstalten machte, mir den Kleinen in den Arm zu legen. Das war offenbar Teil ihrer Mission, mein Gewissen herauszufordern und Muttergefühle in mir zu wecken. Niemand kann mir erzählen, dass sie nicht genau wusste, was sie tat. Ich war am Ende, jegliche Energie war aus meinem Körper gewichen, meine letzten Reserven waren verbraucht. Und dann das! Das schien mir die ultimative Folter, die man einer Frau in meiner Situation antun konnte. Das Kind, das wegzugeben sie sich entschlossen hatte, in ihren Arm legen zu wollen! Ich merkte zum Glück rechtzeitig, was vorging. Mit letzter Kraft wendete ich mich ab und schrie: »Aufhören, ich kann das nicht! Bringt das Kind weg, sofort. Bitte, bitte!«

Hätte der Kleine erst mal in meinen Armen gelegen, hätte ich ihn nicht mehr loslassen können. Das wusste ich instinktiv. Die Schwester wusste es sicher auch. Zum Glück ließ sie auf mein Gezeter hin von ihrer Mission ab und trug das Baby aus dem Kreißsaal.

Ich weiß noch, wie sich sein dünnes, hilfloses Weinen mit jedem Schritt weiter entfernte. Ich weinte mit. Ich vergoss Tränen für den vielleicht größten Abschied meines Lebens. Aber ich weinte auch aus Erleichterung. Es war endlich vorbei. Ich war wieder frei. Und trotzdem hab ich mich nie wieder so leer gefühlt wie in diesem Moment.

Nach der Entbindung saß ich bestimmt eine Stunde unter der heißen Dusche. Dort waren die Schmerzen auszuhalten. Im Nachhinein würde ich jeder Frau eine Badewannengeburt empfehlen. Es heißt, diese Methode soll für Kind und Mutter gleichermaßen angenehm sein. Angesichts der lindernden Wirkung, die das warme Wasser auf meine Schmerzen nach der Geburt hatte, kann ich mir gut vorstellen, dass das stimmt. Die Nacht über blieb ich im Krankenhaus, am nächsten Morgen wurde ich entlassen. Als ich zu Hause war, verdrückte ich eine halbe Sahnetorte, für den Rest des Tages schlief ich. Olli ließ mich in Ruhe und verhielt sich für seine Verhältnisse sogar fürsorglich. Auch er war froh, dass es vorbei war. Vielleicht waren das sogar die friedlichsten Tage, die es in unserer Beziehung je gab. Ich war dankbar dafür, denn ich war auch ohne Beziehungsstress ziemlich mitgenommen. Mein Bauch hing auf Halbmast, an den Beinen hatte ich lauter blaue Flecken, beim Pinkeln brannte es wie die Hölle. Es dauerte drei Monate, bis ich vollständig wiederhergestellt war.

Als sich die fünfte Woche nach der Geburt dem Ende zuneigte und damit die Frist ablief, in der ich den Kleinen hätte zurückfordern können, dachte ich kurz darüber nach, ob ich dazu überhaupt fähig gewesen wäre. Ich beschloss schnell, dass ich es nicht war. Weder hatte sich etwas an meiner Situation geändert, noch hätte ich es jemandem um mich herum antun wollen.

Nach all der Quälerei war der Gedanke an die Vorfreude der Adoptiveltern mein größter Trost. Von meiner Betreuerin aus der Adoptionsstelle wusste ich, dass das Leute waren, die keine Kinder bekommen konnten. Und ich wusste, dass sie monatelang auf den großen Tag hingefiebert hatten. Sie hatten ein Kinderzimmer eingerichtet, Klamotten gekauft, ihr Leben darauf eingestellt. Ich habe sie nie kennengelernt, aber Fotos gesehen und einiges über sie gehört. Sie haben ein Haus mit Garten am Stadtrand, sie haben später noch ein Schwesterchen adoptiert, und sie sind von Anfang an offen damit umgegangen, dass sie nicht die leiblichen Eltern ihrer Kinder sind. Es gibt keine Geheimnisse. Nicht mal über mich.

Ich hab ihnen einen Brief geschrieben, in dem knallhart drinstand, warum ich das Kind nicht behalten konnte. Nichts hab ich ausgelassen. Irgendwann kam eine Antwort, in der sie sich bei mir bedankten und schrieben, dass sie unendlich glücklich seien. Ich hätte ihnen einen wundervollen Sohn geschenkt. Und sie würden ihm all die Liebe schenken, die sie in sich tragen. Als ich diesen Brief las, musste ich heulen. Er war wie ein Freispruch, der mich darin bestärkte, die richtige Entscheidung getroffen zu haben. Er hat mich auch zu der Überzeugung geführt, dass keine junge Mutter ihr Kind umbringen muss, egal wie verzweifelt sie ist. Es gibt Babyklappen, es gibt Adoptionsstellen, es gibt Frauenhäuser, also genug Möglichkeiten, einem Kind die Chance auf ein gutes Leben zu eröffnen. Zumal Frauen, die ihre Babys töten, immer auch ihr eigenes Leben kaputt machen.

Was den Kleinen angeht: Als Säugling hatte er Atemnot und musste an die Sauerstoffmaschine, aber er hat keine

Schäden davongetragen. Von Fotos weiß ich, dass er ein hübscher Bengel ist. Er hat die Augen seines Vaters, aber Haare, Nase und Mund von mir. Er ist tierlieb, hat zwei Kaninchen und wünscht sich einen Hund. Er ist hyperaktiv, gleicht seine Hibbeligkeit aber mit Sport aus, so dass er keine Medikamente nehmen muss. Nach ein paar Jahren fing er an, nach seiner Bauchmama zu fragen. Da haben sie von der Adoptionsstelle vorsichtig angefragt, ob ich bereit wäre, auch ihm einen Brief zu schreiben. Natürlich war ich bereit. In dem Brief hab ich auf kindgerechte Weise und in Gedichtform erklärt, dass er bei seinen jetzigen Eltern besser aufgehoben ist und dass ich trotzdem an jedem seiner Geburtstage an ihn denke. Beides stimmt.

17. November 2012 –
Jetzt erst recht!

Es ist vorbei. Mein Bulle ist nicht mehr mein Bulle. Er gehört jetzt wieder sich selbst. Oder seinen Eltern in Greifswald. Dort ist er gerade. Vor seiner Abreise hab ich gefragt, ob er meint, dass wir die häufigen Familienbesuche und unsere Beziehung jemals miteinander verbinden können. Er hat kraftlos mit den Achseln gezuckt und gesagt: »Weiß nicht. Irgendwie passt das nicht.«

»Was passt nicht?«

»Meine Eltern und du«, hat er genuschelt. »Echt, das geht einfach nicht zusammen.«

»Woher willst du das denn wissen, wenn du's nicht ausprobierst?«

Wieder ein Achselzucken: »Ich weiß es einfach. Die Herkunft, die Tattoos, damit kommen die nicht klar.«

Ich hab sie mir gespart, die demütigende Frage, wie es bei ihm selbst aussieht. Ob *er* auf Dauer mit meiner Herkunft und meinen Tattoos klarkommt. Die Antwort wusste ich auch so. Seit meinem epileptischen Anfall vor zwei Monaten ist etwas zwischen uns zerbrochen. Zwar hat er sich das ständige Drängen auf ein gemeinsames Baby seitdem verkniffen, dafür stand der Kinderwunsch nun wie eine unsichtbare Mauer zwischen uns. Auch die Unbefangenheit, die wir miteinander teilten, war weg. Wahrscheinlich hat diese Nacht ihm gezeigt, dass ich doch nicht so stark bin, wie er immer angenommen hat. Vielleicht hat der Anfall genau das

Bild zerstört, das mein Bulle gerne von mir haben wollte. Obwohl … Gibt es das überhaupt? Menschen, die keine Schwächen haben? Beziehungen ohne Reibungspunkte? Sind diese Faktoren nicht eigentlich genau die Punkte, an denen es spannend wird, sich aufeinander zuzubewegen? Ich kann wenigstens von mir behaupten, dass ich es versucht habe. Natürlich habe ich seine Verunsicherung und seine Enttäuschung gespürt. Ich hab auch angeboten, dass wir darüber reden, aber er meinte, das passe schon. Also hab ich ihm Freiräume gewährt, um mit der Situation ins Reine zu kommen. Doch die nutzte er nur dazu, immer weiter auf Abstand zu gehen.

Als er vorhin aus Greifswald anrief, hab ich diesen Abstand schon im Klang seiner Stimme gehört. Obwohl es anfangs nur um Belanglosigkeiten ging, haben wir miteinander geredet wie Fremde. Irgendwann meinte ich: »Kann es sein, dass wir an einem Punkt sind, an dem wir unsere gemeinsame Zeit beenden sollten?«

Ein unentschiedenes Brummen kam zurück. Ein Widerspruch hätte anders geklungen.

»Ich hab das Gefühl, dass von meiner Seite gefühlsmäßig mehr kommt als von dir. Stimmt das?«

Darauf kam erst mal gar keine Antwort, aber ich konnte sein Nicken förmlich durch den Hörer spüren.

»Und was machen wir jetzt?«, hakte ich nach.

»Hast recht«, rang er sich endlich zu einer Ansage durch. »Ich bin nicht so verliebt, wie ich es sein sollte.«

Nun war ich es, die nicht antworten konnte. Obwohl ich schon seit Wochen damit gerechnet hatte, diese Worte früher oder später zu hören, trieb es mir die Tränen in die Augen. Unwillkürlich musste ich an die Zeit denken, als ich 15 war und meine erste Beziehung mit Bennie beendete. Wie leicht war es damals gewesen, einfach »Mach's gut« zu sagen, wie unkompliziert, die Gleichgültigkeit des anderen zu akzeptieren. Und wie sehr schmerzte es jetzt. Wie erbarmungslos zertrümmerte jedes einzelne Wort meines Bullen die letzten Reste von Hoffnung auf unsere Zukunft, die ich mir erhalten hatte. Auch ihm fiel das Gespräch nicht leicht. Am anderen Ende der Leitung hörte ich ihn schwer atmen, und ich meinte sogar ein Schluchzen herauszuhören, als er im Flüsterton hinzufügte: »Es tut mir leid, Alex.«

Danach hab ich aufgelegt. Ich wollte ihm nichts vorjammern. Und ich wollte mir nicht noch mehr verletzende Wahrheiten anhören, die ich sowieso schon wusste. Seitdem sitze ich in der Wohnung und heule. Oder starre die Wand an. Oder gucke auf mein Telefon, ob er vielleicht doch noch zurückruft. Tut er nicht. Es ist vorbei. Die Schonfrist, in der ich mir noch einreden konnte, dass alles gut wird, ist abgelaufen. Von jetzt an gibt es nur noch die erschütternde Wahrheit, dass ich offenbar zu scheiße bin für eine Beziehung. Dass man mich nicht lieben kann. Dass mich meine Tattoos, die ich eigentlich so mag, zur Unperson machen. Ich weiß, das klingt selbstmitleidig und masochistisch, aber jetzt, wo ich mal wieder abserviert wurde, muss ich auch nicht mehr stark sein. Wie man sieht, bringt das sowieso nichts.

Ich stehe auf, stelle mich vor den Spiegel und schreie mein Ebenbild an, schleudere mir meinen Selbsthass entgegen. Das mache ich so lange, bis ich heiser bin und nicht mal mehr Kraft zum Heulen habe. Danach sehe ich doppelt scharf. Meine Augen wandern die Umrisse meiner Tattoos ab und bleiben irgendwann bei den Sternen an meiner Schläfe hängen. Hatte ich mir die nicht stechen lassen, um mich selbst daran zu erinnern, welche Begleiter in meinem Leben wirklich wichtig sind? Ramona, Odin, meine Mutter? Für den

Bullen gibt es keinen Stern. Genau genommen gibt es überhaupt kein Tattoo, das für ihn steht. Dann fällt mir auf, dass ich in den zehn Monaten unserer Beziehung nicht ein einziges Mal beim Tätowierer war. Ich hab's mir instinktiv verkniffen, um keine ablehnenden Reaktionen zu provozieren. Weil ich Angst vor der Meinung eines egoistischen Pseudo-Draufgängers hatte, der mich sowieso nie so hätte sein lassen, wie ich wirklich bin. Das Genörgel an meinen Haarfarben und das Einfordern einer Langhaarfrisur war ja nur der Anfang. Als Nächstes wären wahrscheinlich neue Klamotten, Schminkverbot und eine Laserbehandlung an der Reihe gewesen. Im Prinzip muss ich froh sein, dass mir all das erspart bleibt. Wenn ich meine Selbstachtung zurückgewinnen will, muss ich auf meinen eigenen Weg zurückfinden. Gleich Montag gehe ich zum Tätowierer. Ich werde gegen den Liebeskummer antätowieren. Jetzt erst recht. Motiv-Ideen, die ich noch umsetzen will, habe ich ohne Ende. Freie Stellen auf der Haut ebenfalls. Vielleicht ist ja gerade das, was andere an mir hassen, das, was ich an mir selbst am meisten liebe.

Alex und die
bunten Bilder

Schon als Kind klatschte ich mir Abzieh-Tattoos auf den Arm. Meine Oma arbeitete damals in einem Süßwaren-Großhandel, der direkt bei meiner Schule um die Ecke lag. Wenn ich sie dort besuchte, konnte ich mir immer die neuesten Süßigkeiten aus dem Lager aussuchen. Ein absoluter Kindertraum, in dem die Kaugummis mit den Aufdruck-Tattoos zu meinen beliebtesten Trophäen gehörten.

Über ein richtiges Tattoo hab ich erstmals nach unserem Umzug nach Lichtenrade nachgedacht. Natürlich waren die älteren Mitglieder der Roseneck-Gang tätowiert. Sie brüsteten sich regelmäßig mit den Tribals und China-Schriftzeichen, die damals angesagt waren. Ich fand diese Flucht in die Abstraktion eher uninteressant. Dafür hat mich ein richtiges Tattoo-Bild total gereizt. Nachdem die Geschichte mit Kleptomanen-Cruz zum Bruch mit meiner Mutter geführt hatte und ich für ein paar Wochen in Neukölln bei meiner großen Schwester wohnte, fiel mir mein erstes Tattoo in gewisser Weise in den Schoß. Wie bei vielen Dingen, die in dieser Zeit passierten, hatte meine Oma einen wesentlichen Anteil daran. Martin Preller, ein Bekannter von ihr, trug frühmorgens Zeitungen aus, und ich half ihm gelegentlich dabei, um mir ein paar Mark dazuzuverdienen. Er war ein kleiner, dicker Heißsporn um die 40, den meine Gesellschaft amüsierte und der mich bei der Arbeit ohne Punkt und Komma zutextete.

Eines Morgens erzählte er mit stolzgeschwellter Brust, dass er sich am Wochenende sein erstes Tattoo stechen lassen wollte.

Ich war auf der Stelle ganz Ohr und hörte mir seine Ausführungen mit glühendem Interesse an. Das muss er gemerkt haben. Irgendwann sagte er: »Kannst ja mitkommen, wenn du willst.«

Ich bekam große Augen und meinte: »Cool. Ich bin dabei.«

»Kannst dir ja auch was stechen lassen«, grinste er. »Ich bezahl auch.«

Rückblickend bin ich sicher, dass er das nur als Scherz gemeint hatte. Als ich wie aus der Pistole geschossen antwortete »Echt jetzt? Klar, mach ich!«, zog er zumindest erst mal ein dummes Gesicht, um sich dann eine Minute lang scheckig zu lachen.

»Was is'n daran so komisch?«, fragte ich.

»Eigentlich gar nichts«, antwortete er und wischte sich die Lachtränen aus den Augenwinkeln. »Aber darfst du dich überhaupt schon tätowieren lassen?«

»Wieso nicht?«

»Jugendliche unter 18 brauchen einen Mutti-Zettel.«

»Mutti-Zettel?«

»Na, eine Einverständniserklärung, dass die Erziehungsberechtigten das Tattoo erlauben.«

»Kein Problem«, erwiderte ich. Diese Chance konnte ich mir unmöglich entgehen lassen. Und auch wenn ich noch keinen Plan hatte, wie ich an so einen Mutti-Zettel rankommen sollte, gingen wir gleich in die konkrete Planung über. Am Ende unseres Zeitungsrundgangs hatten wir den Termin verabredet (Samstag, 13 Uhr, bei Tattoo-Schulzke an der Grenzallee), die Körperstelle entschieden (rechter Oberarm) und sogar die Motivfrage geklärt (ein Staffordshire-Bullterrier, weil das zu der Zeit meine Lieblingshunde waren). Ich platzte fast vor Vorfreude.

Als wir auseinandergingen, rief Martin mir noch hinterher: »Hey, Alex. Das Tattoo gibt's aber nur unter einer Bedingung.«

Na super! Jetzt, wo wir alles geregelt hatten, kam der Haken oder was? Ich sah meinen zum Greifen nahen Traum vom eigenen Tattoo schon im Strom einer unerfüllbaren Bedingung den Bach runtergehen, als Martin weitersprach: »Wenn ich das Tattoo schon bezahle, muss der Köter wenigstens meine Initialen auf die Tatze bekommen.«

»Was für Initialen?«

»Mein Kürzel halt. MP für Martin Preller. Ist doch ein Freundschaftsprojekt.«

Das war alles? Zwei popelige Buchstaben? Daran sollte es nicht scheitern.

»Geht klar«, lachte ich zurück. »Dann bis Samstag.«

Von da an hatte ich drei Tage Zeit, mir eine Einverständniserklärung zu besorgen. Einen Mutti-Zettel im wörtlichen Sinne schminkte ich mir von vornherein ab. Erstens hätte meine Mutter der Aktion nie im Leben zugestimmt, zweitens herrschte zwischen uns ja gerade Funkstille. Meine Schwester war volljährig und hätte mir so einen Wisch vielleicht sogar geschrieben. Aber nachdem ich zwei Wochen bei ihr gewohnt hatte, reagierte sie schon auf meine Anwesenheit in ihren vier Wänden so genervt, dass ich sie nicht um einen weiteren Gefallen bitten wollte. Blieb nur noch eine Fälschung. Oder meine Oma.

Ich entschied mich für die zweite Lösung. Sie war anfangs skeptisch, ließ sich aber von der Tatsache überzeugen, dass ihr Bekannter Preller mit von der Partie war. Während sie ihre Unterschrift unter die Einverständniserklärung setzte, murmelte sie noch: »Aber du lässt dir erst mal nur was Kleines stechen, hast du verstanden?«

»Ja, ja«, hab ich geantwortet – und mir am Samstag bei Schulzke einen Bullterrier in der Größe einer Hand stechen lassen. »Was Kleines« sah definitiv anders aus. Martin musste richtig blechen für dieses Tattoo. 400 Mark kostete es. Aber das war ihm der Spaß wert. Außerdem trug mein Tattoo-Bully ja die Buchstaben MP auf der Tatze, was ihn stolzer zu machen schien als sein eigener Wolf, den er sich aufs Schulterblatt hatte tackern lassen. Wir waren total aus dem Häuschen, als wir den Laden nach vier Stunden wieder verließen. Das war Superheldenfeeling mit einem Extraverruchtheitsbonus. Das Gemotze meiner Oma perlte von mir ab wie Wasser vom Federkleid einer Ente.

»Was ist denn das für ein Riesenteil«, schlug sie die Hände über dem Kopf zusammen. »Ich hab doch gesagt, erst mal nur was Kleines.«

»Aber das ist doch klein«, gab ich mich naiv. »Es gab in dem Laden auch Fotos von Leuten, die den ganzen Rücken volltätowiert hatten.«

Dass ich in ferner Zukunft einmal selbst zu diesen Leuten gehören würde, hätte ich mir zu diesem Zeitpunkt noch nicht träumen lassen. Dass der Bullterrier garantiert nicht mein letztes Tattoo sein würde, wusste ich dagegen schon damals sehr genau.

Mein nächstes Tattoo kam etwa ein Jahr später. Noch immer war ich nicht volljährig, aber das kümmerte in diesem Fall niemanden. In einer kurzen Versöhnungsphase mit Nina ging ich mit ihr auf die Tattoo Convention im *Huxleys Neue Welt*. Keine Ahnung, ob wir besoffen waren oder einen Clown gefrühstückt hatten, aber unser grandioser Plan lautete, dass jede von uns einen kleinen Smiley unter den linken großen Zeh bekommen sollte. Außerdem wollten wir den Tätowierer nehmen, der am besten aussah. Am Ende war der bestaussehende schon ausgebucht, und der Nachrücker-Beau redete uns als Erstes die Stelle unter dem Zeh aus. Weil dort permanent Hornhaut nachwächst und man deswegen ständig nachstechen muss. Das leuchtete uns ein. Also bekamen wir jeweils einen Smiley in den Nacken. Unsere Philosophie dahinter: Wenn das Gesicht auf der Vorderseite des Körpers schon nicht immer was zu lachen hatte, dann sollte wenigstens die Rückseite gut drauf sein. Auf so was muss man auch erst mal kommen.

Sobald ich 18 war, stand der Vollpinselei meines Körpers nichts mehr im Wege, und sobald ich dank des Strippens genug Geld verdiente, wurde sie im großen Stil vorangetrieben.

In meinen sieben Jahren als Tänzerin im *Rush Hour* konnten Stammgäste meinem Körper in gewisser Weise dabei zusehen, wie er bunt wurde. Dort waren meine Tattoos neben dem akrobatischen Tanzstil sehr bald mein Markenzeichen. Zwar hatten alle Frauen, die im *Rush* tanzten, die eine oder andere Tätowierung, aber großflächige Motive über den ganzen Körper verteilt waren die Ausnahme. Dadurch wurden sie für mich zum Verkaufsargument. Es gab zwar immer wieder auch Gäste, die meine Bilder ekelhaft und prollig fanden, aber der deutlich größere Teil sah in ihnen genau das, was sie in einer Bar wie dem *Rush* suchten. Die Männer empfanden Tattoos als etwas Verruchtes und Aufregendes. Weil die wenigsten von ihnen zugehackte Frauen in ihrem Bekanntenkreis hatten, erhöhte eine kunterbunte Lady wie ich den Reiz des Verbotenen. Abgesehen davon, dass meine Bilder immer eine gute Gesprächsgrundlage waren.

Jedes hatte eine Geschichte, jedes war die Folge eines inspirierenden Moments. Da war das Poster der Rapperin Eve, auf dem kleine Hundewelpen auf ihrer Brust herumtapsten, was mich zu Pfoten-Abdrücken auf dem Dekolleté inspirierte. Das Interview mit Pamela Anderson, in dem sie erzählte, dass ihr Drachen-Tattoo auf dem Rücken Tommy Lee beim Sex immer so auf Touren brachte, war der Auslöser für eine blühende Tribal-Ranke vom rechten Schulterblatt bis zur linken Hüfte. Da waren die sieben Todsünden, die ich in meiner Zeit auf der Evangelischen Schule eingeimpft bekommen hatte und die ich mir als Gemälde auf die linke Wade stechen ließ. Da war die Verfilmung der *Spawn*-Comics, die ich so genial fand, dass der Titelheld ebenfalls auf den Rücken kam. Da war mein Gothic- und Horrorfimmel, der Pate stand für die Vampirfrau auf meinem rechten Innenarm. Und weil ich gerne Sterne gucke, gab's ein Weltall auf den linken Unterarm. In der Art könnte ich noch eine Weile weitermachen.

Bei dieser Menge an Motiven und Sitzungen verstand sich von selbst, dass auch einige Pannen passierten – sowohl mit Motiven als auch mit Tätowierern. Einmal wollte ich meine Mutter zu Weihnachten mit einem fotorealistischen Porträt von ihr überraschen. Mir war klar, dass gelungener Fotorealismus wirklich die ganz große Tattoo-Kunst war, und ich hakte bei meinem damaligen Tätowierer mindestens fünfmal nach, ob er sich dieses Projekt zutraute. Immer wieder beteuerte er, das wäre kein Problem. Selbst als ich ihm einimpfte, dass das ein echtes Herzensding war und alles perfekt werden musste, machte er keinen Rückzieher. Leider. Am Ende stach er das Bild viel zu dunkel, benutzte die falschen Nadeln und übertrieb die Schattierungen so sehr, dass die Partie unter der Nase wie ein Schnurrbart aussah. Einmal sprach mich ein Typ auf das Bild an und meinte: »Hey, wie lustig: Du hast ja 'n Harry-Potter-Tattoo!« Da musste ich echt schlucken, denn meine Mutter sieht nun wirklich nicht aus wie Harry Potter.

Eine weitere Panne war das Weltall auf dem linken Arm. Ich hatte hell schattierte Himmelswolken mit Sternenwirbeln und Galaxien bestellt, was ich bekam, war eine blauschwarze Grundfläche mit einer Handvoll Planeten, die aussahen wie bunte Lollis. Weiterhin gab es Schmetterlinge, die welken Blättern glichen, Ranken, die eher an die Abdrücke eines Autoreifens erinnerten, und Farbexplosionen, wo ich eigentlich um dezente Muster gebeten hatte. Hinzu kamen Tätowierer, die mich zur Sitzung besoffen empfingen oder auf Koks waren, und andere, die überhaupt nicht zum Termin aufkreuzten.

Letztendlich konnten die Fehltritte aber weder meine Liebe zu den bunten Bildern schmälern, noch die Zunft als solche in den Dreck ziehen. Meine zahllosen intensiven Sitzungen und tiefen Gespräche mit guten Tätowierern waren über jeden Querschläger erhaben. Und auch wenn ich das zwiebelnde Gefühl beim Linienziehen inzwischen nicht mehr ganz so lässig wegstecke wie bei Schulzke, sind die Sitzungen bis heute ein Geschenk an mich selbst.

Manchmal vergleiche ich meine Haltung zu den Bildern auf meiner Haut auch mit der schonungslosen Ehrlichkeit, die ich den Gratulanten in meiner Babybauch-Zeit entgegenbrachte. Ähnlich wie ich mit den Bekenntnissen zu den wahren Umständen der Schwangerschaft die Verachtung der Leute herausforderte, tue ich es auch mit den Tattoos. Viele Menschen glotzen mich auf eine Art und Weise an, die ich den »versteinerten Blick« nenne. Sie halten inne, ihre Mienen frieren ein, und sie starren so lange, bis ihr Blick das

Verachtungslevel erreicht hat, mit dem sie tätowierte Leute beurteilen. Auch zu dieser Erfahrung hab ich mir ein Bild verpassen lassen. Meinen rechten Unterarm ziert eine Medusa mit dem Schriftzug »Look into my eyes«. In der griechischen Mythologie gehört die Medusa zu den drei Gorgonen, die jeden, der ihnen in die Augen blickt, zu Stein erstarren lassen. So ähnlich fühle ich mich auch manchmal.

10. August 2013 –
Stralauer 17 D

So«, klopft mir mein bester Freund Boris auf die Schulter. »Und jetzt gibt's erst mal einen Schnaps.«

Ich bin völlig fertig, aber überglücklich! Wir stehen vor dem Laden im Erdgeschoss der Stralauer Allee Nummer 17 D und sehen nach oben zu dem Schild über dem Eingang. »Tattoo van Hell« steht da in charaktervollen, verschnörkelten Buchstaben. Ich könnte platzen vor Stolz. Dass ich es tatsächlich geschafft habe, mein eigenes Tattoo-Studio zu eröffnen, kann ich noch gar nicht richtig glauben.

Seit meiner beziehungsbedingten Tattoo-Pause hat sich viel getan. Im letzten Herbst hab ich mich voll in die Tinte gestürzt und tätowieren lassen wie eine Irre. Das war gleichzeitig Selbsttherapie und Schule des Lebens. Ich habe in drei Monaten so wechselvolle Erfahrungen gesammelt, dass sie bei durchschnittlichen Tattoo-Anhängern für drei Leben reichen würden. Ich habe Freundschaften geschlossen und Feinde gewonnen. Ich wurde verwöhnt, verschandelt und versetzt. Ich habe Künstler getroffen und totale Stümper. Ich habe gelitten, gelacht und gestaunt. Inzwischen hab ich nicht nur doppelt so viele Tattoos wie noch vor einem Jahr, sondern auch dreimal mehr Durchblick, was ein gutes Studio ausmacht. Dafür hatte ich das Vagabundieren von einem Studio zum nächsten bald satt. Zum ersten Mal kam ich auf die Idee, meine Selbständigkeit nicht auf verschiedene Clubs und Partys zu verteilen, sondern sie auf ein eigenes Geschäft zu konzentrieren – ein Geschäft, das nichts mit Nachtleben zu tun hatte, sondern mit Tattoos. Als ich Boris von der Idee erzählte, war er sofort Feuer und Flamme. Er ist Fotograf und war ebenfalls auf der Suche nach einem Studio.

»Wie wär's, wenn wir uns zusammentun?«, meinte er.

»Wie meinst'n das?«, fragte ich zurück.

»Tattoo-Studio mit angeschlossenem Fotoatelier! Passt doch super zusammen.«

Und wie das super zusammenpasste! Auch das war ein Erfahrungswert meiner jüngsten Tattoo-Exzesse. Sie hatten mich zum Model gemacht. Eines Abends sprach mich an der Tür im *Rush* ein Gast an und fragte, ob ich modeln würde. Ich musste laut loslachen, weil ich mich in dieser Rolle bisher nie gesehen hatte. Zwar machte ich privat gerne Fotos, aber ich musste mir nur die Bohnenstangen bei Heidi Klum angucken, um zu wissen, dass ich in dieser Liga nicht mitspielte. Doch der Typ meinte es ernst. Er hatte eine Sonnencreme speziell für Tätowierte entwickelt und war für die Produktkampagne auf der Suche nach einer passenden Repräsentantin. Als er mich sah, meinte er, sie gefunden zu haben.

So kam ich zu meinem ersten professionellen Fotoshooting. Eine herrliche Erfahrung, die perfekt zu meinem ausgebremsten Zustand seit der Operation passte. Modeln war ein bisschen wie tanzen ohne hektische Bewegungen. Körperspannung und Haut zeigen, das kannte ich von der Stange, aber Stillhalten, Baucheinziehen und volle Konzentration auf Knopfdruck, das war neu. Die Bilder für die Kampagne erschienen in einigen Tattoo-Magazinen. Danach folgten ein paar weitere Model-Jobs. Ich sah sie mehr als Spaß denn als Karrieresprungbrett an, aber wenn ich eines dabei lernte, dann Folgendes: Nicht nur Tanzen und Modeln waren vergleichbar, sondern auch Fotoshootings und Tattoo-Sitzungen. Wie bei Tätowierern und Kunden muss auch zwischen Fotograf und Model die Chemie stimmen, damit es am Ende gut aussieht. Manche ratterten ihre Bilder einfach runter, und das war's. Gute Fotografen dagegen gingen auf Wünsche ein, ließen Raum für Entspannungsübungen und lockten das Model im richtigen Moment aus der Reserve. Boris wusste, wie das ging. Wenn ich nun noch einen Tätowierer fand, der in seinem Bereich ebensolche Qualitäten hatte, konnte ich mit den beiden den perfekten Kombishop eröffnen. Als Geschäftsführerin. Allein das Wort klang nach Abenteuer und Herausforderung.

Der nächste Schritt war, im *Rush* zu kündigen. Zwar wurde ich ein bisschen wehmütig, wenn ich darüber nachdachte, was ich in dem Laden erlebt hatte, aber nach neun Jahren schien mir der Zeitpunkt für einen Schlussstrich genau richtig. Zumal er mir ermöglichte, mich ganz der Suche nach einem eigenen Laden zu widmen.

Anfangs wurden wir erst mal in unsere Schranken gewiesen. Entweder wir bekamen heruntergekommene Grotten zu astronomischen Preisen angeboten, oder die Läden waren so ungünstig geschnitten, dass sie für unsere Zwecke nicht geeignet waren. Oder aber die Vermieter hörten unsere Geschäftsidee und gingen sofort auf Abstand. Sobald der Begriff »Tattoo-Studio« fiel, wurde es schwierig. Am Telefon konnte ich nach der Nennung dieses Reizwortes oft gar nicht ausreden, sondern wurde sofort weggedrückt, in persönlichen Gesprächen musste ich vehement unser Konzept verteidigen und versichern, dass ich ein seriöses Etablissement eröffnen wollte und keine Geldwäschebude. Auf Dauer war das echt ermüdend. Wir hatten drei Monate voller Absagen und mehrere Dutzend erfolgloser Anläufe hinter uns, als wir im Fenster eines Ladengeschäfts in der Stralauer Allee zufällig ein Schild mit der Aufschrift »Gewerbe zu vermieten« entdeckten. Die Lage war toll. Nicht weit vom Friedrichshainer Partykiez am Ostkreuz entfernt, mit Blick auf die Spree.

Ich rief sofort die Nummer an, die auf dem Schild stand. Und siehe da: Am anderen Ende der Leitung war eine nette Frau, der das Wort Tattoo-Studio keine Bauchschmerzen bereitete und die auch sonst ganz locker klang. Zwei Tage später hatten wir einen Besichtigungstermin mit dem Immobilienmakler, weitere drei Tage später gingen wir im Büro der Hausgesellschaft die Verträge durch, nach einer Woche war alles unterschrieben und geregelt. Wir konnten loslegen.

Inzwischen war es Anfang Juni. Da uns die Hummeln im Arsch brummten und ich bereits einen Tätowierer in der Hinterhand hatte, der nur auf mein Go wartete, entschieden wir uns für den 10. August als Eröffnungstermin. Das war ambitioniert, aber es war zu schaffen. Immerhin hatte ich klare Vorstellungen davon, wie der Laden aussehen sollte. Ich wollte es ein bisschen schicker haben – mehr Anthrazit und Chrom als Holzvertäfelung und Werkstattromantik, die man aus anderen Tattoo-Studios kennt. Zum Glück hatten wir Freunde, die uns bei der Ausstattung halfen. Während Boris und ich Möbel besorgten, mauerte ein Kumpel den Tresen, ein anderer flieste das Bad, den Feinschliff und die Deko machten wir alle zusammen. Zum Schluss war trotzdem alles megaknapp. Die Stunden bis zur Eröffnung verbrachte ich mit Autofahrten vom Baumarkt zum Laden, von der Metro zu Boris und vom Büro der Hausgesellschaft zurück zum Laden. Hinzu kamen ständige Telefonate. Ich musste Sushi und Pizza bestellen, Gästen den Weg erklären und sogar einen ersten Tattoo-Termin annehmen. Zu allem

Überfluss regnete es wie aus Kübeln. Es war der pure Stress. Schließlich kam ich eine Viertelstunde zu spät zu meiner eigenen Ladeneröffnung. Zehn Leute standen bereits vor der Tür, als ich mit wehenden Fahnen und vollgepackt bis obenhin in der Stralauer 17D landete. Die Wartenden halfen dann noch bei den letzten Aufbaumaßnahmen: Bierfass anschließen, Bar bestücken, Gläser bereitstellen. Mit vereinten Kräften ging das ruckzuck.

Stolz wie Bolle, mit einem Glas Sekt in der Hand, betrachte ich noch mal das »Tattoo van Hell«-Schild, dann begebe ich mich zu Boris und den Schnäpsen. Zur Feier des Tages darf ich mal wieder anstoßen. Wenn ich schon für 800 Euro Getränke kaufe, dann will ich auch selbst was davon haben. Alle sind da. Mein Kumpel Ben, der DJ ist und auch jetzt auflegt, meine Mutter, Ramona und alte Kollegen. Ein paar Nachbarn, die oben im Haus wohnen, sind auch vorbeigekommen. Herrlich.

»Uuund Prost!«, hält Boris mir ein Glas Jägermeister hin.

»Auf uns«, lache ich und kippe den Likör runter. Hui, das zwiebelt. Ich bin ja ziemlich aus der Übung. Es fühlt sich an, als würde der Alkohol direkt ins Blut schießen.

»Hey, Alex, auf den Laden!«, prostet Ben mir vom DJ-Pult zu. Schon wieder hab ich einen Schnaps in der Hand und stoße an.

»Herzlichen Glückwunsch«, nähert sich meine Mutter mit zwei Flöten Sekt.

»Cheers«, sagt der Nachbar von oben, und die Gläser klirren.

»Auf uns«, lacht der Likör, und ich lache mit …

Zwei Stunden später hänge ich über der Kloschüssel und kotze. Sechs Gläschen waren schon zu viel. Ich bin hackebreit. Die Zeiten, in denen ich Leute unter den Tisch trinken konnte, sind definitiv vorbei. Meine Mutter und Boris müssen die Party ohne mich zu Ende feiern. Ein Freund fährt mich nach Hause. Auf dem Heimweg müssen wir dreimal an die Seite fahren, weil mir schlecht wird. Beim dritten Mal fängt es auf einmal an, über mir zu krachen. Als ich nach oben sehe, funkt und blitzt am Himmel ein gigantisches Feuerwerk.

»Haben die das für uns gemacht?«, lalle ich.

»Leider nee«, lacht mein Kumpel. »Weißt doch, in Treptow ist Hafenfest.«

»Ach watt?«, hickse ich.

»Und nu werd fertig, du musst in die Heia.«

Heia? Nicht mit mir. Ich bin jetzt Geschäftsführerin. Zwar eine besoffene Geschäftsführerin, aber ich lasse mich nicht hetzen. Wie ein nasser Sack plumpse ich auf den Gehweg und sehe zu, wie über mir der Himmel explodiert. Sprühende Farben, tanzendes Licht. Voll geil. Der schöne Abschluss eines aufregenden Tages. Und ein schöner Anfang einer neuen Ära, in der ich meine eigene Chefin bin.

Für einen kurzen Moment werde ich ganz ruhig und horche in mich selbst hinein. Ich bin glücklich. Auch wenn mein Schädel brummt. Denn eigentlich ist das Leben gar kein Kampf. Es ist ein Spiel. Und ich bin gerade wieder über Los gegangen.

Van Hell to Heaven

Ist die Zeit der Kämpfe jetzt vorbei? Natürlich nicht. Neue Kämpfe werden sich ergeben. Aber man kann stärker werden. Und die Gegner schwächer. Und am Ende operiert man vielleicht mit dem Leben und seinen Herausforderungen auf Augenhöhe. Das ist dann Heaven on Earth – der Himmel auf Erden. Mit solchen Theorien hätte ich meinen Lehrern auf der Evangelischen Privatschule sicher nicht kommen können. Nach allem, was ich hinter mir habe, nehme ich mir jetzt das Recht, auf Absegnungen von höchster Stelle zu verzichten. Nicht zuletzt deshalb, weil ich übergeordnete Instanzen mit Vorsicht betrachte. Wo es höchste Stellen gibt, gibt es auch unterste Stufen. Derartige Kategorien akzeptiere ich nicht mehr. Ich habe in meinem Laden die unterschiedlichsten Leute auf dem Tätowierstuhl sitzen. Jeder bringt seine eigenen Geschichten mit, und jeder hat seine eigenen Kämpfe zu bewältigen. Wichtig sind diese Kämpfe alle, egal ob sie auf unterster oder oberster Ebene ausgefochten werden. Manchmal entscheidet nur ein gewisses Maß an Lebenserfahrung und Offenheit darüber, ob man als Gewinner aus ihnen hervorgeht oder nicht.

Als Beispiel dafür steht meine kleine Schwester Ramona. Sie ist zehn Jahre jünger als ich, sie ist einer der Fixsterne auf meiner Schläfe und in meinem Leben, und sie ist eine der Personen, denen ich dieses Buch widme. Wir unterscheiden uns in vielen Bereichen. Im Gegensatz zu mir hat sie Detlef, den Nachfolger und Bruder ihres leiblichen Vaters Bodo, sehr geliebt. Sie war todtraurig, als meine Mutter sich von ihm trennte. Als wir später mitbekamen, dass er an einem Herzinfarkt gestorben war, hat sie das schwer mitgenommen. Zwar hat sie eine behütetere Kindheit gehabt als ich, andererseits hat sie durch die Krankheiten von meiner Mutter und mir früh dem Tod ins Auge blicken müssen. Zudem bekam sie immer wieder die Ausraster meiner großen Schwester mit. Mona ist recht still, beklagt sich nie und ist eigentlich immer lieb. Als sie aber vor ein paar Jahren einen Freund nach Hause brachte, der Säufer war und obendrein spielsüchtig, fühlte ich mich stark an bekannte Muster erinnert. Mir wurde klar, dass meine kleine Schwester wohl auch eine dunkle Seite hat, von der ich relativ wenig weiß. Die vielen Fehler, die man in der Kindheit vorgelebt bekommt, lebt man später selbst nach – egal ob man diese Fehler bewusst oder nur unbewusst mitbekommt. Eine psychologische Binsenweisheit, ich weiß. Trotzdem ist es verstörend, anhand meiner eigenen Familiengeschichten abzulesen, wie es sich immer wieder bestätigt. Meine Therapeutin hat mal gesagt, dass es schwer ist, den Kreislauf der vorgelebten Fehler zu durchbrechen, und dass man es nur durch die Auseinandersetzung mit der eigenen Vergangenheit schafft. Erst seitdem ich damit begonnen habe, die Kämpfe meines Lebens zu überdenken und auf ihre Ursachen zu hinterfragen, habe ich das Gefühl, mein Schicksal selbst in die Hand zu nehmen. Zusätzlich habe ich erkannt, dass ich anderen Leuten, die ähnliche Erfahrungen gemacht haben, Mut machen und vielleicht sogar helfen kann. Der Entschluss, dieses Buch zu schreiben, ist ein Resultat dieser Erkenntnis. Vielleicht kann meine Geschichte manche Menschen dazu ermutigen, sich an den eigenen Haaren aus dem Dreck zu ziehen, manchen zeigt sie vielleicht auch nur, dass sie mit ihren Problemen nicht alleine sind. Wenn einer dieser Menschen meine kleine Schwester sein sollte, würde mich das freuen.

Ich bin das beste Beispiel dafür, dass man den Kreislauf durchbrechen kann, ohne die Vergangenheit verleugnen zu müssen. Noch immer bin ich bei *KitKat*-Exportpartys im Einsatz, in meinem Laden lasse ich den Tattoo-Kult weiter hochleben, und in der *Magda* am Ostkreuz, wo ich mittlerweile am Eingang stehe, hab ich zum ersten Mal erkannt, wie viel Spaß die Arbeit als Türsteherin machen kann. Der Laden heißt eigentlich *MAGDAlena Club*. Er liegt nur wenige Meter von meinem Tattoo-Studio entfernt und ist ein Mekka für Partygänger aus aller Welt. Viele Gäste sind sehr jung und ziemlich verballert. Ein lustiges Völkchen, das mich an meine Champagnerjahre erinnert. Die Rolle als Torhüterin zum Partyparadies gefällt mir. Ich muss nicht mehr mittendrin stecken. Vor kurzem habe ich nach Jahren Janet wiedergesehen. Sie strippt bis heute und ist immer noch genauso druff wie damals. Doch der Exzess hat Spuren hinterlassen. Dass sie vier Jahre jünger ist als ich, sieht man ihr mittlerweile nicht mehr an. Eher kam sie mir älter vor. Ganz ehrlich: Auch wenn ihr viele Unannehmlichkeiten, die ich seit dem Zerbrechen unserer Freundschaft über mich ergehen lassen musste, erspart geblieben sind, möchte ich nicht mit ihr tauschen. Ich hab mich weiterentwickelt, während ich bei ihr das Gefühl hatte, dass sich ihr Leben in einer Endlosschleife dreht.

Gesundheitlich bin ich mittlerweile ganz stabil. Zwar hab ich von Zeit zu Zeit epileptische Anfälle, aber ich hab sie einigermaßen im Griff. Wenn ich Stress habe oder vergesse, meine Tabletten zu nehmen, können die Anfälle überall auftreten, meist kommen sie aber nachts als Folge wilder Träume. Davon habe ich Marco erzählt, einem Stammkunden. Er macht Schmuck und Skulpturen und ist so ein bisschen esoterisch angehaucht. Bei seinem nächsten Termin brachte er mir einen Lavastein mit, der gegen böse Träume und Epilepsie helfen soll. Der liegt jetzt auf meinem Nachttisch. Ohne Scheiß: Ich habe das Gefühl, das wirkt. Ich träume jetzt viel seltener von Schlachten, Verfolgungsjagden und Haien. Ich war so begeistert, dass ich mir im Laden noch einen Traumstein geholt habe. Der schimmert lila, und ich muss ihn alle paar Wochen mit lauwarmem Wasser abwaschen. Auch er liegt jetzt neben meinem Bett und schützt mich. Nicht dass ich damit die Kontrolle über mein Unbewusstes gewonnen hätte, aber ich setze Gegengewichte, um es in Schach zu halten. Generell bin ich der Meinung, dass man den Kampf namens Leben nie gewinnen kann. Darum geht es auch gar nicht. Es geht darum, ihm einen Sinn abzuringen. Erst ein Sinn gibt einem Kampf seine Berechtigung. Und nur ein berechtigter Kampf ist ein fairer Kampf. Der Rest ist Augenhöhe. Und nun schlaft gut, ihr Säcke – ob mit oder ohne Traumsteine.

Eure Alex

Danksagung

Ich danke Boris, der mich als bester Freund durchs Leben begleitet und ohne den dieses Buch nie zustande gekommen wäre. Auch du bist einer meiner Fixsterne, Boris – zwar nicht auf der Schläfe, aber in meinem Herzen!

Louise Jacobs

Fräulein Jacobs funktioniert nicht

Als ich aufhörte, gut zu sein

Es könnte so schön sein, das Leben

Louise Jacobs kommt aus gutem Haus und hat alles, wovon man nur träumen kann. Doch sie scheitert an den in sie gesetzten Erwartungen und an den Ansprüchen an sich selbst. Wie aus dem Erwachsenwerden ein Alptraum wird, erzählt sie in ihrem sehr persönlichen Buch. Die authentische Geschichte einer jungen Frau, die sich aus ihren Zwängen befreit.

>»Louise Jacobs gelingen in ihrer Autobiographie Sätze
>wie Pistolenschüsse, die ins Herz treffen.«
>*Frau im Spiegel*

Viktor Staudt

Die Geschichte meines Selbstmords

Und wie ich das Leben wiederfand

Von einem, der aus dem Leben springen wollte

Viktor Staudt ist jung, treibt viel Sport und stürzt sich regelmäßig ins Nachtleben. Auf den ersten Blick geht es ihm gut, aber sein Leben wird von Angstattacken und Depressionen beherrscht. Niemand kann ihm helfen. Als er keinen Ausweg mehr sieht, wirft er sich vor den Zug.
Viktor Staudt überlebt den Selbstmordversuch – aber verliert seine Beine. Erst nach diesem tragischen Geschehen kann die richtige Diagnose gestellt werden, und er erhält die Medikamente, die ihm endlich helfen.

»Fesselnd und sehr bewegend.«
Hamburger Morgenpost